뒤죽박죽
생각 정리
글쓰기 책

생각 정리 글쓰기 책

이한샘 글 | 구현지 그림

머리말

뒤죽박죽 엉킨 생각을 풀어내는 생각 정리 글쓰기의 힘

　수업 시간, 민우는 형광펜 한 자루를 찾으려고 가방을 뒤적였어요. 하지만 손에 잡히는 물건은 왜 넣었는지 기억도 나지 않는 실뭉치와 부서진 지우개, 종잇조각뿐입니다. 민우의 가방 속과 같이 머릿속이 뒤죽박죽이라 정리가 잘 안 된다면 무슨 일이 생길까요? 민우가 형광펜을 찾지 못한 것처럼, 필요한 기억이 있어도 떠올리기 힘들 거예요. 자꾸 다른 생각이 들고 집중하기도 어렵겠지요.

　이럴 때 필요한 것이 생각 정리입니다. 이 책에는 글로 쓰고 그림을 그리며 생각 정리를 할 수 있는 여섯 가지 기법이 소개되어 있으니 골라서 생각을 정리해 보세요.

　이렇게 생각 정리를 하고 나면 내가 하고 싶은 말이 분명해져요. 그렇다면 그것을 다양한 글로 표현해 보세요. 일기, 생활문, 독서 감상문, SNS까지 다양한 글을 써 보세요.

　글을 쓰다 보면 고민이 생길 수도 있어요. 글에서 '그냥'이라는 단어를 자주 쓰면 왜 안 되는지, 글을 쓰다 손이 너무 아픈데 어떻게 해야 하는지 말이에요. 이런 궁금증은 《뒤죽박죽 생각 정리 글쓰기 책》 속에서 해답을 찾아보세요.

　그럼 어린이 여러분, 이 책과 함께 뒤죽박죽 엉킨 생각을 정리하며 하나의 생각에 빠져 글을 쓰는 몰입의 즐거움을 느껴 보세요!

　　　　　　　　　　　　　　　　　　　　　　　　이한샘 선생님이

차례

머리말 • 4

1장

● **생각이 너무 뒤죽박죽이에요!**

- 생각이 각자 따로 놀아요 • 10
- 이랬다 저랬다 생각이 왔다 갔다 해요 • 14
- 무엇을 먼저 해야 할지 모르겠어요 • 18
- 머릿속에서 아무 생각도 나지 않아요 • 22
- 자꾸 덤벙거리고 중요한 내용을 빼먹어요 • 26
- 생각이 너무 많이 떠올라서 고르기 어려워요 • 30

2장

● **일기는 어떻게 써야 하나요?**

- 일기는 어떻게 써야 하나요? • 36
- 매일 똑같은 일만 일어나서 쓸 내용이 없어요 • 40
- 오늘 일어난 일을 순서대로 쭉 쓰면 안 되나요? • 44
- 일기는 꼭 줄글로 써야 하나요? • 48
- 맞춤법을 많이 틀리면 잘못된 일기인가요? • 52
- 일기 쓰기를 도와주는 물건은 없나요? • 56

3장
● **사소한 일들을 생활문으로 멋지게 쓰고 싶어요!**

- 생활문 쓰는 법 좀 알려 주세요 · 62
- 첫 문장을 뭐라고 써야 할지 모르겠어요 · 66
- 글에 '그냥'이라는 단어를 많이 쓰면 안 돼요? · 70
- 주제 생각하기가 너무 어려워요 · 74
- 마무리를 어떻게 해야 할지 모르겠어요 · 78
- 내 글이 무슨 말인지 모르겠대요 · 82

4장
● **책을 읽고 나서 뭐라고 써야 할지 모르겠어요!**

- 독서 감상문은 어떻게 써요? · 88
- 어떻게 시작하면 좋을까요? · 92
- 줄거리 요약이 너무 어려워요 · 96
- 내 느낌과 생각이 어디에 얼마나 들어가야 할지 모르겠어요 · 100
- 작가가 책에서 무슨 말을 하고 싶은지 잘 모르겠어요 · 104
- 책 내용 중에 마음에 안 드는 것이 있어요 · 108

5장
메신저로 대화를 하기가 힘들어요!

- 메시지를 짧게 끊어서 보내면 안 되나요? · 114
- 친구가 하는 말이 이해가 잘 안 될 때는 어떻게 해야 하나요? · 118
- 친구가 내 메시지를 읽고도 대답이 없어요 · 122
- 친구들과 대화하는데 뜻을 모르는 단어가 있어요 · 126
- 상태 메시지에 아무 말이나 다 써도 될까요? · 130

6장
글을 쓰는 일이 익숙하지 않아요!

- 손이 너무 아파서 글씨를 많이 못 쓰겠어요 · 136
- 자기 전에 일기를 쓰려다 보니 자꾸 졸려요 · 140
- 내 글을 다른 사람에게 보여 주기 싫어요 · 144
- 글을 솔직하게 썼다가 놀림을 당할까 봐 걱정이에요 · 148
- 글을 쓸 준비만 한 시간이나 걸려요 · 152
- 글쓰기가 왜 필요한지 모르겠어요 · 156

1장

생각이 너무 뒤죽박죽이에요!

1장
생각이 각자 따로 놀아요

나뭇가지 지도 기법을 활용해 보자

여러 가지 생각이 한꺼번에 떠오를 때가 있지 않니? 머릿속에 떠오르는 대로 말하다 보면 생각이 뒤죽박죽되어서 놀랄 때가 있을 거야. 그럴 때 '나뭇가지 지도 기법'을 써 보면 어떨까?

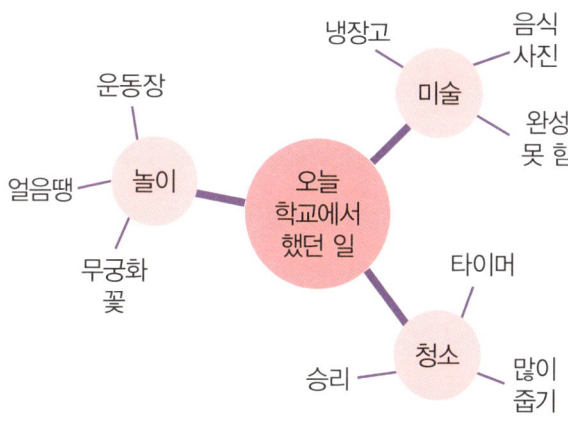

먼저 빈 종이에 동그라미 하나를 그려 보고, 그 안에 중심이 되는 단어를 써 보자. 그리고 중심이 되는 단어에서 나뭇가지를 뻗어 생각을 정리해 보는 거야.

미술, 청소, 놀이 이렇게 세 개의 단어를 찾았구나. 그러면 그 단어와 관련된 일들 중 기억나는 단어를 얇은 나뭇가지로 그린 다음에 연결해서 더 써 보자. 이렇게 나뭇가지를 그려서 생각을 정리하는 방법을 '나뭇가지 지도 기법'이라고 해.

나뭇가지 지도 기법을 연습해 보자

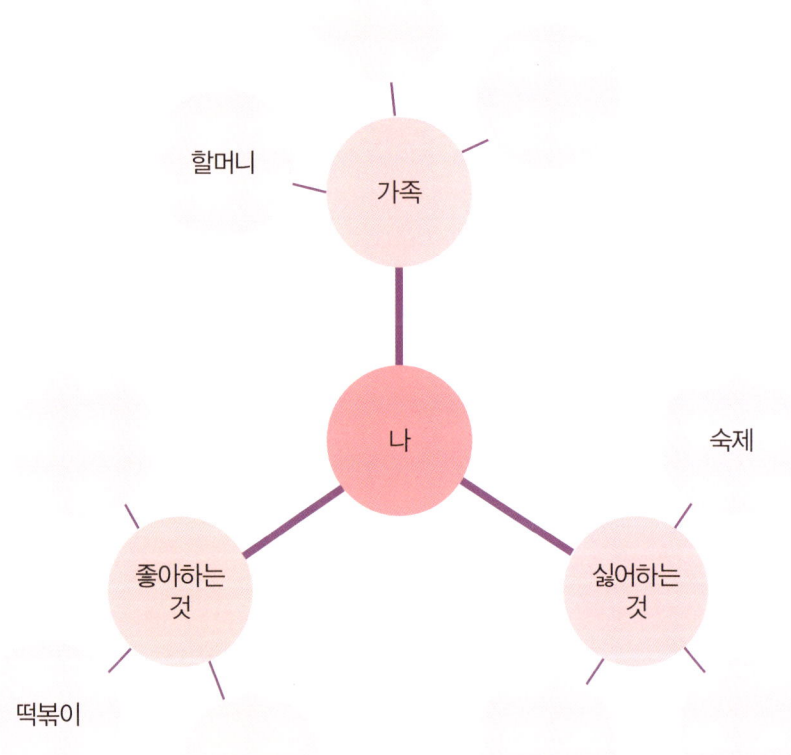

나뭇가지 지도를 그릴 때 이런 점을 조심하자

　소나무에서는 소나무 가지가 자라고, 느티나무에서는 느티나무 가지만 자라는 것처럼, 나뭇가지를 그릴 때는 네가 그린 나무와 아무 관련이 없는 나뭇가지가 자라면 안 돼. 즉 앞에서 먼저 쓴 단어와 관련이 없는 단어를 쓰면 안 된다는 말이야.

　만약 나무와 관련 없는 단어를 쓴다면, 소나무에서 갑자기 느티나무 가지가 자라난 것처럼 엉망진창이 될 거야. 그러니까 꼭 내가 그린 나무와 관련이 있는 단어를 쓰도록 해. 그리고 가지를 그릴 때는 가운데 단어와 관련이 많을수록 두껍게 그리고, 적을수록 얇게 그려 줘. 진짜 나뭇가지도 끝으로 갈수록 점점 얇아지니까 말이야.

1장
이랬다 저랬다 생각이 왔다 갔다 해요

빙고 기법을 활용해 보자

봄을 좋아하는 이유에 대해 쓰고 싶었는데 잘 써지지 않았구나? 글을 쓰다 보면 원래 쓰려던 내용과 다른 내용만 잔뜩 써질 때가 있어. 그럴 때는 일단 빙고 칸을 그려 보는 것을 추천해.

생일 선물	내 생일	얇은 옷	늦게까지 놀이터
생일 잔치	생일	날씨	따뜻함
새로운 친구	친구	소풍	도시락
친구랑 놀기	말 걸기	놀기	추억

(가운데: 봄이 좋은 이유)

그런데 이 빙고 칸은 조금 특별해. 빙고 칸의 한 가운데에 네가 쓰려고 하는 주제를 적고 그 주위에 주제와 관련된 단어 네 개를 적어 보는 거야. 그리고 그 바깥쪽에 네 개의 단어와 관련된 각각의 내용을 좀 더 자세히 써 보는 거지. '생일'이라면 '생일 선물', '생일 잔치', '내 생일' 등의 단어를 쓸 수 있겠지. 자, 이제 빙고 칸에 있는 단어들을 주제별로 골라 차례대로 글을 써 보지 않을래? 이 방식대로 한다면 주제에서 벗어나지 않는 글을 쓸 수 있을 거야.

> 나는 봄이 좋다. 왜냐하면 내 생일이 있기 때문이다. 생일 선물도 받고 생일 잔치도 해서 엄청 행복하다. 그리고 봄에는 소풍이 있어서 좋다. 맛있는 도시락도 먹고, 추억도 생기고, 학교에서 벗어나 친구들이랑 놀 수도 있으니까 좋다.

빙고 기법을 연습해 보자

편식하지 않기	야채 많이 먹기	준비운동	매일 하기
	음식	운동	
	건강하기 위해 할 수 있는 일		
감사하기	마음		

빙고 칸을 그릴 때 이런 점을 조심하자

빙고 칸이 부족하거나 남아돈다고?

생각 나는 단어가 많다면 빙고 칸이 부족할 수도 있어. 그러면 칸을 반씩 나누어서 여덟 개까지 쓰면 돼. 반대로 생각 나는 게 없어서 네 칸을 모두 채우지 못했다면 그냥 빈칸으로 두어도 되니까 걱정하지 마. 때로는 한 가지 생각으로 쓴 글이 더 잘 읽히고 재미있는 경우도 있으니까 말이야.

빙고 칸을 다 채우고 싶은데 생각이 나지 않으면?

빙고 칸을 꼭 다 채워서 완성하고 싶은데 생각이 나지 않을 때가 있어. 그럴 때는 칸을 비워 놓은 채로 잠시 다른 일을 해 봐. 산책을 해도 좋고, 친구와 수다를 떨어도 좋아. 그리고 좋아하는 음식을 먹어도 좋지. 우리 뇌는 내가 다른 일을 할 때도 빈 곳을 채우기 위해 나도 모르게 일을 하는 습관이 있다고 해. 그러니까 다른 일을 하다 보면 빈칸에 들어갈 멋진 생각이 떠오를 거야.

1장 무엇을 먼저 해야 할지 모르겠어요

숫자 기법을 활용해 보자

　무엇을 먼저 해야 할지 순서를 정하기 힘들다면, 우선 생각나는 것을 다 써 놓고 천천히 살펴보자. 머릿속으로 생각만 했을 때는 아주 복잡했을 거야. 왜냐하면 생각은 눈에 보이지 않으니 정리하기가 힘들기 때문이지. 하지만 생각을 글로 쓰면 눈에 보이니까 정리하기가 쉬워져. 그러니까 생각나는 것을 다 써 놓은 뒤에 가장 하고 싶은 일부터 숫자로 적어 보렴. 그 순서대로 글을 쓴다면 글이 잘 써질 거야.

4	늦잠 자기
1	놀이공원 가기
3	박물관 가기
2	게임하기

숫자 기법을 연습해 보자

화장실 변기가 막혔어! 어떤 일부터 해야 할지 고민이 돼. 생각나는 방법부터 적어 보고 어떤 순서대로 할지 숫자 기법으로 정리해 볼까?

숫자	방법
	샴푸와 따뜻한 물 이용해 보기
	물을 여러 번 내려 보기

주말 아침에 일찍 일어났더니 하고 싶은 일이 너무 많아. 일단 모두 써 놓고 숫자 기법으로 정리해 볼까?

숫자	하고 싶은 일
	냉장고 속 맛있는 음식 먹기
	놀이터 가기

숫자 기법을 사용할 때는 이런 점이 어려워

순서를 정하는 일이 어려워!

순서를 정하기 어려울 때는 '시간'을 먼저 생각해 보면 도움이 된단다. 우선 첫 번째, 너에게 남은 시간을 생각해 보자. 서둘러야 하는 일부터 하는 편이 좋겠지? 두 번째, 일을 했을 때 걸리는 시간을 생각해 보자. 시간이 많이 걸리는 일을 먼저 할 것인지 아니면 적게 걸리는 일을 먼저 할 것인지 스스로 골라 보렴.

순서는 정했는데 하기도 싫고 게으름만 피우고 싶어!

너무 피곤하다고? 그렇다면 잠시 쉬었다가 하면 어떨까? 대신 쉬는 시간을 정해 놓고 그 시간만 쉬어 보렴. 시간을 정해 놓지 않는다면 그 일을 하기 싫으니 계속 쉬고 싶을 수도 있거든.

할 일이 너무 많아서 하기 싫다면 한꺼번에 다 해결하려고 하지 말고, 가장 작은 일부터 차근차근 시작해 보렴. 딱히 이유 없이 하기 싫을 수도 있어. 그럴 때는 주변 정리나 청소를 해 보는 것도 좋아. 주변이 깔끔해지면 무언가를 시작할 힘이 생긴단다.

1장
머릿속에서 아무 생각도 나지 않아요

그림 그리기 기법을 활용해 보자

　무언가를 생각하고 싶은데 머릿속이 하얀 종이가 된 것처럼 아무 생각도 떠오르지 않을 때가 있어. 생각해 본 적이 없는 주제를 갑자기 만난다면 당연히 그럴 수도 있지. 그렇게 아무 생각도 나질 않는다면 우선 그림부터 그려 보는 게 어떨까?

　예를 들어 주제가 '사랑'이라면 하트 모양을 그리고 색칠도 해 보자. 누군가는 뽀뽀하는 입술 모양을 그릴 수도 있고, 따뜻해 보이는 이불을 그릴 수도 있어. 그림 그리기 기법에 정답은 없으니 마음껏 그려 보자. 그러고 나서 그림으로 나타낸 것을 간단한 단어로 표현해 보는 거야. 빨간색 하트 그림에서 빨강이랑 하트라는 단어가 나왔다면 이 단어로 글쓰기를 시작하거나 말을 해 볼 수 있어.

　이렇게 글과 단어를 먼저 쓰는 일이 어렵다면 먼저 그림을 그려서 생각하고 표현해 보렴. 한결 도움이 될 거야.

그림 그리기 기법을 연습해 보자

　내가 어떻게 생겼는지 글로 쓰고 싶은데 너무 어려워! 그렇다면 글을 쓰기 전에 내 얼굴을 간단하게 그려 보고 나서 글을 써 보는 게 어때?

그림 그리기 기법을 사용할 때 생각해 보자

그림으로 그려 보는 이유가 무엇일까?

뇌는 정보를 '글자'가 아니라 '그림'으로 저장한다고 해. 예를 들어 어제 있었던 일을 떠올려 보렴. 글자가 떠오르면서 글이 줄줄 써지니? 아니, 아마 사진이나 동영상처럼 장면으로 기억이 날 거야. 그래서 뇌는 정보를 꺼낼 때도 글로 꺼내는 것보다 그림으로 꺼내는 것이 훨씬 더 쉽다고 해.

그림을 잘 그려야 할까?

그림 그리기 기법에서 그리는 그림은 글을 쓰기 위한 아이디어를 얻기 위해 그리는 그림이야. 잘 그리려고 애쓰지 않아도 돼. 간단한 모양과 색으로만 표현해도 괜찮아.

질문 갈아 끼우기 기법을 활용해 보자

열심히 쓰긴 썼는데 덤벙거리는 바람에 중요한 내용이 빠졌구나. 그럼 어떻게 하면 필요한 내용을 꼼꼼하게 적을 수 있을까? '나는 체험 학습을 다녀왔다'라는 내용에 '누구랑, 언제, 어디서, 무엇을, 어떻게, 왜'라는 여섯 가지 단어를 넣어 질문을 만들어 보자. 그리고 자세히 대답하면서 글을 써 보는 거야. 그러면 중요한 사실을 놓치지 않고 꼼꼼하게 잘 쓸 수 있단다.

나는	언제	체험 학습을 다녀 왔을까?	지난주 목요일부터 일요일까지 (6월 5일~6월 8일)
	어디로		제주도로
	어떻게		비행기를 타고 (제주도에서는 렌트카를 타고)
	무엇을 하며		멋진 카페 방문, 주상절리 구경, 바다 수영을 함
	왜		할머니 칠순 기념으로
	누구랑		엄마, 아빠, 할머니, 할아버지

질문 갈아 끼우기 기법을 연습해 보자

우리 집 강아지가 새끼를 낳았어! 이 기쁜 소식을 아래의 여섯 가지 질문을 활용해서 할머니께 알려 드리자.

강아지가	언제	새끼를 낳았을까?	5월 20일 밤에
	어디서		
	어떻게		
	무엇을		
	왜		임신한 지 두 달 정도 지나서
	누구의		

다리를 다쳤어! 선생님과 친구들이 어떻게 된 일인지 궁금해한다면 여섯 가지 질문을 활용해서 대답해 보자.

나는	언제	다쳤을까?	
	어디서		
	어떻게		
	무엇을		다리를
	왜		
	누구 때문에		

질문 갈아 끼우기 기법을 사용할 때 생각해 보자

여섯 가지 질문에 모두 대답하고 글을 써야 해?

대답이 잘 생각나지 않거나, 질문이 어렵게 느껴진다면 꼭 대답해야 할 필요는 없어. 여섯 가지 단어가 모든 상황에 다 맞는 것은 아니거든. 꼭 필요한 부분 몇 가지만 대답하고 써도 괜찮아.

'누가, 언제, 어디서, 무엇을, 어떻게, 왜' 가 뭐야?

글을 잘 쓰기 위한 여섯 가지 질문을 말하고 '육하원칙'이라고 해. 한자로는 여섯 육(六), 어찌 하(何), 근원 원(原), 법칙 칙(則)이라고 쓰지. '누가, 언제, 어디서, 무엇을, 어떻게, 왜'라는 여섯 가지 질문에 자세히 대답할수록 더 생생한 글을 쓸 수 있어.

1장
생각이 너무 많이 떠올라서 고르기 어려워요

와르르 기법을 활용해 보자

　머릿속에 생각이 너무 많이 떠오르니? 무엇부터 써야 할지 고민이구나. 머릿속에 떠오르는 수많은 생각 중에서 하나를 고르려고 하면 쉽지 않을 거야. 그럴 때는 우선 머릿속에 떠오르는 생각을 순서와 상관없이 와르르 꺼내서 써 보렴. 처음부터 깔끔한 문장을 만들 필요는 없어. 그냥 떠오르는 대로 쓰는 거야.

　'나랑 가장 친한 친구는 하연이인가, 소율이인가? 하연이랑 어제 킥보드를 타고 동네 돌아다녔는데 재미있었지! 또 타고 싶어! 소율이랑은 같이 논 지 좀 오래된 것 같네! 소율이는 요즘 뭐하지?'

　그렇게 쓰다 보면 '어? 이 부분은 술술 써지네?' 하고 느끼는 부분이 있고 '어? 이 부분은 좀 더 길게 써 보고 싶어!' 하고 생각하는 부분도 있을 거야. 마치 초콜릿 상자에 어떤 초콜릿이 들어 있는지 다 보고 나서 하나를 고르는 것처럼 말이야.

　가장 써 보고 싶은 부분을 고른 다음 그 부분을 자세하게 써 보자. 분명 좋은 글이 완성될 거야.

와르르 기법을 연습해 보자

내가 좋아하는 연예인이 있는데, 그 연예인을 왜 좋아하는지 이유가 너무 많아. 우선 와르르 쓰고 정리해 볼까?

와르르 기법을 사용할 때는 이것을 조심해

분명 와르르 썼는데 몇 줄 안 되면 어떻게 하지?

머릿속에 있을 때는 너무 많다고 생각했는데 막상 글로 써 보니 몇 줄 이상 나오지 않을 때가 있어. 그럴 때는 솔직히 '더 이상 생각이 안 난다'라는 말을 써도 괜찮아. 그리고 '왜 생각이 안 날까?'에 대해 글을 써 보자. 생각이 나지 않는 이유에 대해 열 줄 이상 쓰면, 분명 선택할 수 있는 부분이 더 보일 거야!

글을 쓰다 보니 고치고 싶은 부분이 자꾸 보이는데 고쳐도 될까?

전력 질주를 하다가 갑자기 멈추고 다시 달리기 시작하면 전력 질주를 하던 속도로 되돌아가기까지 시간이 걸리지 않니? 마찬가지로 글도 한번 고치면서 생각을 멈추면 술술 나오던 이야기가 갑자기 생각나지 않을 수 있어. 맞춤법이나 내용에 너무 신경 쓰지 말고 일단 끝까지 쭉 적어 보고 그 후에 고쳐 보렴.

2장

일기는 어떻게 써야 하나요?

2장 일기는 어떻게 써야 하나요?

일기는 어떻게 써야 할까?

 일기 쓰기가 고민이구나. 일기를 쓸 때는 세 가지가 중요하단다. 첫 번째, 경험 쓰기. 두 번째, 생각과 느낌 쓰기. 마지막, 마무리하기야. 첫 번째인 경험을 쓸 때는 오감을 살려 써야 해. 본 것, 들은 것, 만진 것, 냄새 맡은 것, 맛본 것을 자세히 써 보렴. 그리고 그 경험이 서로 연결되도록 글을 써 보자.

> 대청소를 하려고 파란색 걸레를 꺼냈다. 분명 파란색이었는데 중간중간 하얀색 얼룩이 있었다. **(본 것)**
> 얼룩 냄새를 맡으니 요구르트 썩은 냄새가 났다. **(냄새 맡은 것)**
> "엄마, 이거 뭐예요?"
> "아으! 곰팡이가 생겼네! 버려야겠다."
> 손으로 만져 보려고 했는데 엄마가 곰팡이가 손에 묻으면 피부병이 생긴다며 만지지 못하게 하셔서 못 만져 봤다. **(들은 것, 만지지 못한 것)**

 두 번째, 느낌은 감정을 쓰면 돼. 아쉬웠다든지 슬펐다든지 당시 네가 느낀 감정 말이야. 몸 상태도 함께 쓴다면 더욱 생생한 느낌이 들 거야. 생각은 머릿속에 떠오른 말을 쓰는 거야.

> '곰팡이는 왜 생기는 걸까?'라고 나는 생각했다.
> 곰팡이를 만지면 어떤 피부병이 생기는지도 궁금했다.

그리고 느낌과 생각을 같이 쓸 수도 있어.

> 곰팡이 덕에 걸레질을 안 해도 되니 (생각) 엉덩이 춤이 저절로 나왔다. (신났다는 느낌 표현)
> 냄새를 맡았던 코에 곰팡이가 들어갔을 것 같아서 (생각) 코를 물로 세 번이나 닦았다. (찝찝했다는 느낌 표현)

마지막으로 마무리를 해 보자. 만약 더 쓰고 싶은 내용이 없다면 하고 싶은 것, 해야 할 것, 감사한 것을 적으며 마무리해 보자.

> 하고 싶은 것 – 곰팡이에 대해 더 자세히 알아보고 싶다.
> 해야 할 것 – 오늘 못한 걸레질을 내일 해야겠다.
> 감사한 것 – 동생이 걸레를 대신 버려 줘서 고마웠다.

느낀 점을 잘 쓰는 방법

느낀 점을 잘 쓰고 싶니? 그렇다면 내가 느낀 감정을 떠올리면서 내 몸 어디에서 어떤 일이 일어났는지 생각해 보렴. 그리고 어떤 감정이 들었는지도 함께 적어 보자.

느낌	고치기(예시)
놀랐다	나도 모르게 눈이 크게 떠지고 입이 벌어졌다.

느낌	고치기
신났다	

느낌	고치기
창피했다	

느낌	고치기
힘들었다	

2장
매일 똑같은 일만 일어나서 쓸 내용이 없어요

일기에 어떤 내용을 쓸지 고민이 된다면?

혹시 밤하늘을 바라본 적 있니? 밤하늘에 떠 있는 별은 다 비슷비슷해 보여. 하지만 망원경으로 보면 색도 모양도 크기도 모두 다르단다. 멀리서 바라보는 너의 하루도 밤하늘의 별처럼 모두 비슷해 보일 거야. 그런데 조금만 관심을 두고 자세히 바라보면 모두 다른 별처럼 특별하게 보인단다.

1교시 국어 시간에 배운 시, 생각보다 맛이 없던 급식 반찬, 친구가 한 입 먹어 보라고 준 매실차, 오늘따라 늦게 도착한 학원 버스, 유난히 빨갛던 저녁 하늘, 산책하다 만난 강아지 등 오늘 하루를 특별하게 만든 작은 일을 생각해 보렴.

오늘 하루는 늘 똑같은 날 중 하루가 아니야. 네가 백 살까지 산다면, 백 년 중 딱 하루밖에 없는 특별한 날이라는 사실을 기억하렴.

오늘 특별했던 일을 떠올려 볼까?

평범한 일상에서 특별했던 일을 찾으려면 일상을 자세히 생각해 보는 작업이 필요해. 오늘 내가 보았던 것, 들었던 것, 냄새 맡았던 것, 만졌던 것, 맛보았던 것 중에서 기억에 남는 일을 써 보고 그중에서 가장 마음에 드는 것을 골라 보자.

자세히 떠올리기	예시	나의 경험
오늘 보았던 것	유난히 빨갛던 저녁 하늘	
오늘 들었던 것	"유리는 시를 참 잘 쓰네"라는 칭찬	
오늘 냄새 맡았던 것	아빠가 벗어 놓은 양말	
오늘 만졌던 것	산책 나온 하얀 멍멍이의 털	
오늘 맛보았던 것	친구가 준 매실차	

매일 똑같은 일상에서 벗어나고 싶다면?

스스로 작은 변화를 만들어 보자!

　매일 반복되는 일상이 지겹다면, 스스로 작은 변화를 만들어 보는 것도 좋은 방법이야.

　우선 매일 다양한 일들에 도전해 보면 어떨까? 매일 다른 음악을 한 곡씩 들어 보는 거야. 그리고 매일 다른 책을 읽어 볼 수도 있지. 매일 다른 음식을 먹어 볼 수도 있어.

　아니면 매일 같은 일을 꾸준히 도전해서 스스로 더 발전할 수도 있어. 어제는 윗몸 일으키기를 1개 성공했지만 오늘은 2개를 성공할 수도 있고, 어제는 일기 세 줄을 썼지만 오늘은 네 줄을 쓸 수도 있지.

　기억하렴. 네가 매일 같은 일상에서 벗어날 수 있는 것은 네가 어떤 선택을 하느냐에 달려 있단다.

2장
오늘 일어난 일을 순서대로 쭉 쓰면 안 되나요?

오늘 일어난 일을 순서대로 쓰면 안 되나요?

　일기는 오늘 하루 일어났던 일들 중에서 가장 마음에 남는 일을 적는 글이야. 그런데 '일어나서 이불을 개고 세수하고 밥을 먹고…' 이런 글을 쓰면 처음부터 끝까지 꼼꼼하게 다 읽어도 너의 하루가 어땠는지, 네가 어떤 감정을 느끼고 경험했는지 알기 어려워.

　그래서 일기를 쓸 때는 머릿속으로 오늘 찍은 사진들 중 한 장을 골라 글로 쓴다고 생각하면 돼. 아침에 일어나는 사진, 세수하는 사진, 밥 먹는 사진 등 수많은 사진들 중에서 한 장을 골라 보자. 그리고 그 사진을 글로 표현해 보렴. 이렇게 '글로 쓴 사진'이 모이면 소중한 앨범이 될 거야.

머릿속 사진을 글로 표현해 볼까?

우선 오늘 고른 사진을 간단히 그려 보자.

위의 사진에 대해 글을 써 보자. 네가 본 것, 들은 것, 만진 것, 냄새 맡은 것, 맛본 것을 쓰고 네 생각과 느낌도 써 보렴.

사진만 찍어 두면 안 되나요?

　일기를 '글로 쓴 사진'이라고 표현하면 매일 일기를 쓰지 않고 사진만 찍어 두는 것이 더 좋다고 생각할 수 있어. 하지만 사진만으로는 담기 어려운 것들이 정말 많단다. 아래를 보렴.

> 1. 들은 것, 냄새 맡은 것, 맛보았을 때의 느낌, 만졌을 때의 느낌
> 2. 사진을 찍게 된 이유
> 3. 사진을 찍기 전후의 상황
> 4. 사진을 찍은 순간의 느낌
> 5. 사진을 찍었을 때의 생각

　이 모든 것은 '글'로 담을 수 있어. 그리고 글로 담는 과정에서 그 순간을 다시 한번 생생하게 기억하고 느껴 볼 수 있을 거야.

2장
일기는 꼭 줄글로 써야 하나요?

일기를 꼭 줄글로 써야 할까?

혹시 글을 읽다가 나도 모르게 빠져들어 시간 가는 줄 몰랐던 경험이 있니? 아마 처음부터 글에 빠져들지는 않았을 거야. 차근차근 읽어 나가면서 깊이 빠져들었겠지.

왜 이런 일이 생길까? 글은 생명력을 갖고 있어서 그래. 하나의 글이 네게 작은 씨앗으로 다가와 뿌리와 줄기를 뻗고 꽃을 피운 거지.

그렇다면 글의 생명력은 어디서 나올까? 식물이 줄기와 뿌리 모두 하나로 연결된 것처럼 글도 모두 연결되어 있어야 이런 힘이 나올 수 있어. 중간에 툭툭 끊긴 글은 읽기 쉬울지는 몰라도 다른 사람의 마음을 끌어당기지는 못해.

일기 쓰기는 이런 글의 생명력을 끌어올리기 위한 연습 과정이란다. 그러니 조금 어려워도 줄글로 쓰는 연습을 해 보자.

줄글로 쓰는 연습을 해 보자

 오늘 거리에서 만난 강아지 사진이야. 사진 아래에는 쓰고 싶은 요점만 간단하게 써 보았어. 단어와 사진을 보고 오늘의 일기 한 편을 줄글로 완성해 보자.

새끼 강아지, 주인, 허락, 친해지고 싶다, 무엇을 할까

그래도 줄글 쓰기가 어렵다면?

줄글 쓰기가 어렵다면, 먼저 누군가와 대화를 해 보자.

> 나: 엄마, 오늘 놀이동산 간 거 재미있었어요.
> 엄마: 어떤 것이 재미있었는데?
> 나: 바이킹이랑 롤러코스터요.
> 엄마: 탈 때 어떤 느낌이었어?
> 나: 바이킹은 내장이 높은 곳에서 바닥으로 뚝 떨어지는 느낌! 롤러코스터는 온몸이 홀쭉해졌다 펴졌다 하는 느낌!
> 엄마: 두 개를 비교해서 써도 괜찮겠다.

그다음 대화한 내용을 정리해서 말해 보자.

> 나: 오늘 놀이동산에 갔잖아요. 제일 기억에 남는 건 바이킹이랑 롤러코스터인데 둘 다 재미있었어요! 바이킹은 점점 높아질 때마다 내장이 높은 곳에서 바닥으로 뚝 떨어지는 느낌이었고 롤러코스터는 온몸이 홀쭉해졌다 펴졌다 하는 느낌이었어요. 둘 다 재미있었지만, 저는 롤러코스터를 한번 더 타 보고 싶어요. 왜냐하면 온몸이 홀쭉해지는 느낌이 정말 재미있었거든요.

마지막으로 말한 내용을 글로 써 보렴. 글로 쓸 때는 마지막을 '~다'로 통일해서 쓰면 깔끔하단다.

2장 맞춤법을 많이 틀리면 잘못된 일기인가요?

맞춤법을 많이 틀리면 잘못된 일기일까?

 일기는 왜 쓰는 걸까? 나의 하루를 기억하기 위해서, 감정을 다스리기 위해서, 고민을 정리하기 위해서 등 많은 이유가 있겠지만 '맞춤법을 잘 지키기 위해서' 일기를 쓰는 사람은 거의 없을 거야. 일기를 쓰는 이유가 '맞춤법'을 잘 지키기 위해서는 아니니까.

 나의 하루를 열심히 정리해서 일기를 썼다면 맞춤법이 조금 틀렸다 해도 괜찮아. 그런 일기가 잘못된 일기라고 할 수 없어.

 하지만 계속 헷갈리는 글자가 있다면 친구나 어른들에게 물어보거나 직접 찾아보자. 그렇게 스스로 올바른 맞춤법을 배워 나가면 맞춤법도 더 잘 알게 되고 나의 경험도 더 정확하게 표현할 수 있을 거야.

빈칸에 들어갈 말을 골라 보자!

그동안 헷갈렸던 맞춤법을 한번 알아볼까? 둘 중 무엇이 맞는지 동그라미로 그려 보자.

1. 강아지가 갑자기 (짓어서 / 짖어서) 깜짝 놀랐다.
2. (애야 / 얘야) 하고 할머니가 불렀다.
3. 친구가 내 장난감을 (갔고 / 갖고) 가 버렸다.
4. 새 책가방을 (매고 / 메고) 학교에 갔다.
5. 짝과 나의 연필이 서로 (바꼈다. / 바뀌었다.)
6. 너 나랑 (사귈래? / 사겨볼래?)
7. 숨이 막히고 답답해 감옥에 (갇힌 / 갖힌) 것 같았다.
8. 드디어 감기가 (낳았다. / 나았다.)
9. 비가 오니 (웬지 / 왠지) 슬펐다.
10. 우산 없이 집에 (어떻게 / 어떡해) 가야 할지 몰랐다.

초등학생이 자주 틀리는 맞춤법을 알아보자!

그럼 앞의 정답을 알아보면서 뜻도 알아볼까?

번호	정답	으뜸꼴	뜻
1	짖어서	짖다	개가 목청으로 소리를 내다.
2	얘야	얘	'이 아이'를 줄인 말로, 누군가를 부를 때에는 '얘야'를 쓴다.
3	갖고	가지다	자기 것으로 하다.
4	메고	메다	어깨에 걸치거나 올려놓다.
5	바뀌었다	바꾸다	원래 있던 것이 없어지고 다른 것으로 채워지거나 대신하게 되다.
6	사귈래?	사귀다	서로 얼굴을 알고 친하게 지내다.
7	갇힌	가두다	사람이나 동물을 벽으로 둘러싸거나 울타리가 있는 일정한 장소에 넣고 밖으로 나오지 못하게 하다.
8	나았다	낫다	병이나 상처가 고쳐져 원래대로 되다. 과거의 일을 표현할 때는 '나았다'라고 쓴다.
9	왠지	왜인지	왜 그런지 모르게, 뚜렷한 이유도 없이
10	어떻게	어떠하다	어떤 모양이나 형편으로

2장 일기 쓰기를 도와주는 물건은 없나요?

일기 쓰기를 도와주는 물건은 없을까?

　혹시 동물원에서 받은 입장표, 색이 예뻐서 주워 놓은 낙엽, 친구에게 받은 예쁜 스티커 같은 것들을 가지고 있니? 이렇게 사소하고 작은 물건들이 너의 일기를 더욱 풍성하게 만들어 줄 수 있단다. 그러니 시간이 될 때마다 작고 사소한 물건들을 모아 보렴. 아침 등굣길에 발견한 버려진 사탕 껍질, 수업 시간에 썼던 지우개 가루, 놀이터에서 발견한 작은 열매 같은 것들 말이야. 그리고 이것들을 자세히 관찰하며 모은 이유를 써 보기만 해도 특별한 일기를 완성할 수 있어.

　또 반으로 두 번 접어 네 칸으로 만든 작은 종이와 연필을 하루 종일 가지고 다녀 보렴. 그리고 한 칸에 하나씩 내가 발견한 것을 써 보는 거야. 녹고 있는 눈사람에 대한 멋진 노래 가사, 해 보고 싶은 게임 광고, 친구가 했던 말 등 모두 좋아. 간단한 단어만 적어도 좋지만, 시간과 장소까지 쓰면 더 생생하게 기억할 수 있어.

　하루 종일 네 칸을 모두 채워 보고 그중에서 한두 개를 골라 글을 써 보면 너만의 특별한 일기를 완성할 수 있단다.

네 칸 메모 일기를 써 볼까?

오늘 쓴 네 칸 메모야. 나만 알아볼 수 있게 짧게 쓴 부분도 많지? 메모는 간단하게 써도 좋아. 이 중 하나를 골라 자세히 쓰면 오늘의 일기를 완성할 수 있어.

9월 3일 8시쯤 친구의 새 운동화 나도 갖고 싶다. 어디서 샀지?	오전 10시 12분 도서관에서 '무인도에서 살아남는 법' 비닐은 꼭 필요한 물건
오후 1시쯤 새로 생긴 치킨집 간판 파란색에 흰색 글씨 먹고 싶다.	오후 5시 33분 '친구는 생일 케이크야' 이해가 될 듯 말 듯한 기억에 남는 노래 가사

오후 1시쯤 쓴 세 번째 메모를 일기로 적어 보았어.

> 학교 앞에 새 가게가 생겼다. 지나갈 때마다 계속 공사하는 모습을 보고 무슨 가게가 생기는 건지 궁금했는데, 오늘 드디어 간판을 달았다. 멀리서 봤을 때 파란색 바탕에 흰색 글씨가 쓰여 있어서 빵집일 줄 알았는데, 치킨집이었다. 이름은 'yam yam chicken'이었다. 가게 안에서는 고소한 기름 냄새가 폭발했다. '신장개업 오늘만 30% 할인'이라고 쓰여 있어서 엄마한테 사 달라고 전화를 했다. 엄마가 생각해 보겠다고 해서 침을 꼴깍 삼켰다.

너도 네 칸 메모 일기를 완성해 볼래?

월 일 시	월 일 시
월 일 시	월 일 시

메모 중 하나를 골라 일기로 바꿔 써 보렴.

3장

사소한 일들을 생활문으로 멋지게 쓰고 싶어요!

3장 생활문 쓰는 방법 좀 알려 주세요

생활문은 무엇이고 어떻게 쓰는 거야?

　생활문과 일기의 차이점은 무엇일까? 일기는 하루 동안 경험한 일 중에서 하나를 골라 쓰지만 생활문은 일주일, 한 달, 혹은 지금까지 살면서 경험했던 일들 중에서 인상 깊었던 일을 골라 쓰는 글이야.

　그리고 생활문은 잘 읽어 보면 글을 통해 하고 싶은 말이 들어가 있어. '친구와의 우정을 소중히 여기자'와 같은 생각 말이야. 우리는 이런 생각을 '주제'라고 불러.

　그럼 생활문을 쓰는 순서를 알아볼까? 먼저 글감을 찾아보자. 최근 한 달간 있었던 일들 중 기억에 남는 일도 좋고, 지난 방학 동안 가장 인상 깊었던 일도 좋아. 글감을 찾을 때는 내가 쓸 내용이 '주제'와 연결될 수 있도록 깨달은 점이나 하고 싶은 말도 함께 생각해 보렴. 그럼 다음 쪽의 예시를 통해 더 자세히 알아볼까?

글감	– 겨울 방학 때 감기에 걸려 일주일간 고생한 일 (하고 싶은 말: 추울 때는 엄마 말을 잘 듣자.)
글감	– 새로 간 학원에서 따돌림당한 일 (깨달은 점: 누군가를 미워하는 것도 힘든 일이다.)

이렇게 글감과 주제를 정했다면 아래와 같은 내용을 생각해 보고 자세하게 글을 써 보자.

언제	겨울 방학에 눈이 엄청 오던 날부터 일주일간
어디서	집에서
어떤 일이	지독한 감기 때문에 아파서 나가지 못했다.
누가 같이	온 가족이 나에게 옮아 감기에 걸렸다.
왜 생겼을까	추운데 엄마가 주신 목도리가 마음에 들지 않아 목도리 없이 눈싸움을 했다가
그때의 느낌	너무 추워서 목을 송곳으로 찌르는 것 같았고 온몸은 얼음물에 빠진 것 같았다.
그 후 생각한 것	추울 때는 엄마 말을 잘 듣자.

이렇게 생각해 낸 글감과 내용을 어떻게 하면 더 생생하고 재미있게 쓸 수 있을까? 첫 문장을 쓰는 방법부터 마무리하는 방법까지 알고 싶다면 다음 장(p. 66)을 차근차근 읽어 보렴.

다른 방법으로도 써 볼까?

생활문을 쓸 때는 주제를 먼저 생각하고 나서 인상 깊었던 경험을 찾는 방법도 좋아. 그렇다면 우리 아래의 주제를 가지고 연습해 볼까?

주제	장래 희망은 클수록 좋다.
나의 경험	

주제	나는 사소한 취미가 아주 많다.
나의 경험	

주제	부모님을 웃기는 나만의 방법이 있다.
나의 경험	

3장 첫 문장을 뭐라고 써야 할지 모르겠어요

첫 문장을 뭐라고 써야 할까?

글을 쓸 때 어떤 문장으로 시작해야 할지 잘 모르겠다는 친구들이 있어. 첫 문장만 쓰면 그 다음 문장도 술술 쓸 수 있을 것 같은데 말이지. 그런 친구들을 위해 첫 문장을 쓰는 일곱 가지 방법을 소개할게.

1	시간으로 시작하기	열두 시를 알리는 종소리가 들렸다.
2	장소로 시작하기	제주도 공항에서 있었던 일이다.
3	사람으로 시작하기	내 동생 기영이는 자꾸 날 귀찮게 했다.
4	대화로 시작하기	"우리 같이 놀자!"
5	생각으로 시작하기	나는 책 읽는 시간이 정말 싫다.
6	날씨로 시작하기	눈이 펑펑 내려서 온 세상이 하얗게 된 날이었다.
7	매체에서 본 것으로 시작하기	'햄버거 3개 5천 원'이라는 광고가 나왔다.

첫 문장 쓰기를 연습해 보자!

여행이나 나들이를 간 적 있지? 그때 기억을 떠올리면서 첫 문장 쓰기를 연습해 보자.

1	시간으로 시작하기	
2	장소로 시작하기	
3	사람으로 시작하기	
4	대화로 시작하기	
5	생각으로 시작하기	
6	날씨로 시작하기	
7	매체에서 본 것으로 시작하기	

더 멋진 첫 문장을 쓰고 싶다면?

첫 문장을 더 멋지게 쓰고 싶니? 그렇다면 '자세히 쓰기'를 기억하렴. '자세히 쓰기'는 읽는 사람에게 그 장면을 자세히 보여 준다고 생각하면서 쓰면 돼. '시간으로 시작하기'를 선택했다면 이렇게 바꾸어 보자.

> 열두 시가 되었다.
> → 드디어 시계의 짧은 바늘이 숫자 12에 도착했다.

어때? 마치 직접 보는 것처럼 생생하지?

그럼, '장소로 시작하기'도 바꿔 볼까?

> 공원에 갔다.
> → 킥보드를 타고 왼쪽 오른쪽 요리조리 가다 보니 공원 입구가 보였다.

그냥 '공원'이 아니라 킥보드를 타고 요리조리 가야 만날 수 있는 '공원'의 입구야. 이렇게 첫 문장을 자세히 쓰면 글을 읽는 사람은 그 다음에 펼쳐질 내용을 더 기대하게 돼.

3장
글에 '그냥'이라는 단어를 많이 쓰면 안 돼요?

글에 '그냥'이라는 단어를 많이 쓰면 안 돼요?

'그냥'이라는 단어로 표현하는 것이 편하구나. 그래, 그럴 수 있어. 그런데 '그냥'이라는 단어에는 대답에 대한 정보가 전혀 들어 있지 않다는 사실을 알고 있니? 아래의 대화를 읽고 다 함께 생각해 보자.

"너는 왜 호랑이를 좋아해?"

"그냥."

"피구에서 어떻게 이겼어?"

"그냥."

"뭐 먹을래?"

"그냥, 아무거나."

물어보는 사람은 궁금한 점이 있는데, 궁금한 점과 상관없이 '그냥'이라고만 대답하면 대답을 안 하는 것과 똑같아. 글을 쓸 때도 '그냥'이라는 단어를 많이 사용하면 굉장히 성의 없게 느껴져. 그러니 '그냥'이라는 단어 대신 내 마음과 생각을 깊이 들여다보고 되도록 자세하게 정확히 표현해 보자.

'그냥'이라는 말을 쓰기 전에 앞뒤 상황을 살펴보자

'그냥'이라는 말을 줄이려면 내 생각과 마음을 정확하고 자세히 표현할 줄 알아야 해. 그리고 내가 왜 그렇게 느꼈는지 전후 상황을 써 보는 것이 좋아. 그렇게 하면 네가 왜 그러한 감정을 느꼈는지 알 수 있을 거야.

감정이나 상태	앞뒤 상황 자세하게 표현하기
(그냥) 슬프다	내가 좋아하는 선수가 0.1초 차이로 금메달을 놓친 것을 보니 눈물이 났다.
(그냥) 좋다	
(그냥) 짜증 난다	
자전거를 (그냥) 잘 탄다	
_____를 (그냥) 못한다	

'적당히'와 '보통'에서 살짝 벗어나 보자

 사람들이 '그냥'이라는 말만큼 자주 쓰는 단어가 있어. 바로 '적당히'와 '보통'이라는 단어야.

"저는 밥 적당히 주세요."

"나는 보통 사람이야."

 대부분의 사람들은 남들과 다르게 보이기를 싫어해. 이상해 보일까 봐 걱정을 하기 때문이지. 하지만 영화나 책에 '적당히', '보통의' 모습만 나온다고 생각해 보렴. 과연 사람들이 계속 더 보고 싶고 궁금해할까? 하지만 그렇다고 너무 자극적인 글을 쓰려고 할 필요는 없어. 조금만 다르게 생각해 보자. 밥을 적당히 달라고 하는 대신 밥을 한 주걱만 달라고 말하고, 보통 사람들은 휙휙 지나치는 강아지풀을 보기 위해 조금 더 천천히 가겠다고 말해 보자. 보통이라는 틀에서 벗어나면 너의 생각이 조금 더 자유롭고 확실해질 수 있어.

3장 주제 생각하기가 너무 어려워요

주제 생각하기가 너무 어렵다면?

앞에서 생활문을 쓸 때 주제가 담기려면 깨달은 점이나 하고 싶었던 일을 생각해 보라고 했지? 그런데 누군가는 그런 일이 생각나지 않아서 글쓰기를 시작하지 못하는 경우도 있을 거야. 그럴 때는 주제에 대한 생각을 잠시 미루고 네가 해 본 경험만 자세히 생각하자. 다음 단어 중에서 네가 했던 경험과 관련된 단어가 있니?

발냄새   잃어버린 물건   삼겹살   응원

단어 하나를 골랐다면 단어와 상관있는 경험을 떠올려 보자. 그리고 그때 느낀 감정도 떠올려 보렴. 예를 들면 이렇게 말이야.

발냄새	잃어버린 물건	삼겹살	응원
슬픔	놀람	아쉬움	즐거움

이제 네가 느꼈던 감정이 잘 드러나도록 생활문을 써 보자. 신기하게도 감정이 잘 드러난 글에는 주제도 자연스럽게 담긴단다.

경험 + 감정 생활문 써 보기

앞에서 고른 단어를 동그라미로 그리고 네가 느낀 감정을 써 보렴.

내가 고른 경험 단어	감정
발냄새 / 잃어버린 물건 / 삼겹살 / 응원	

 같은 '발냄새'라 해도 누군가는 슬픔을, 누군가는 놀라움을 느끼기 때문에 어떤 감정을 느꼈는가에 따라 글의 분위기와 느낌이 달라져. 그리고 감정이 잘 드러나게 글을 쓰면 자연스럽게 주제도 담긴단다. '열심히 일한 아빠의 발냄새는 지독했지만 슬펐다', '사람들의 발냄새는 다양해서 놀랍다'와 같이 말이야. 그럼 한번 감정이 잘 드러나게 내 경험을 써 볼까?

다양한 감정을 알아보자!

글을 쓸 때 감정을 어떻게 표현하니? 혹시 기쁨, 화남, 슬픔 정도로만 표현하지는 않니? 세상에 얼마나 다양한 감정이 있는지 알아보면 글에 담기는 감정도 풍부해질 거야.

기쁨을 다양하게	감격스러운, 감동적인, 감사한, 가벼운, 반가운, 벅찬, 뿌듯한, 상쾌한, 시원한, 신나는, 짜릿한, 통쾌한, 포근한, 행복한, 환상적인, 후련한, 흐뭇한
화남을 다양하게	가혹한, 고통스러운, 기분이 상하는, 끓어오르는, 나쁜, 미운, 복수하고 싶은, 불만스러운, 불쾌한, 서운한, 실망스러운, 약 오르는, 창피한
슬픔을 다양하게	걱정되는, 고민스러운, 괴로운, 두려운, 멍한, 뭉클한, 부끄러운, 불쌍한, 어색한, 염려하는, 외로운, 우울한, 절망적인, 지루한, 허전한

위에서 이야기한 감정 중 몇 가지를 골라 나의 경험과 연결해 보자.

감정	경험 예시
	나만 짝이 없었다.
어색함	오랜만에 고모를 만났다.
만족감	탕수육 한 그릇을 혼자 다 먹었다.
실망감	카드를 뽑았는데 이미 10장이나 있는 카드였다.
	5일 만에 똥을 쌌다.

3장
마무리를 어떻게 해야 할지 모르겠어요

마무리를 어떻게 해야 할까?

 생활문은 주제가 있다 보니 다짐이나 교훈을 담은 글로 마무리하는 경우가 많아. '친구가 최고라는 것을 깨달았다'라며 깨달은 점을 말하거나, '다시는 그렇게 하지 말아야겠다'라며 다짐을 하기도 하지.

 그런데 이렇게 다짐이나 교훈을 담은 문장으로 마무리하면 따분하게 느껴지는 경우가 많아. 그래서 마무리할 때는 구체적인 내용을 눈에 보이듯 생생하게 표현하는 것이 좋단다. 그럼, 마무리가 어려운 친구들을 위해 마무리 방법을 다섯 가지로 정리해 볼게.

1	대화로 마무리하기	다음에는 갈비탕을 먹었으면 좋겠다. → "엄마, 다음에는 꼭 갈비탕을 먹어요!"
2	비유법으로 마무리하기	친구와 친하게 지내야겠다. → 우정은 갓 태어난 병아리이다. 친구와 나 사이에 태어난 작고 소중한 병아리를 따뜻하게 보살펴야지.
3	표정으로 마무리하기	그날 나는 즐거웠다. → 아직도 그날을 생각하면 빙그레 미소를 짓게 된다.
4	질문으로 마무리하기	여행을 또 가고 싶다. → 다음에는 어디로 여행을 떠날까?
5	사진 찍듯 마무리하기	친구가 최고라는 사실을 깨달았다. → 내 옆에 있는 소연이와 찡긋하며 둘만의 인사를 나누었다.

마무리 문장을 연습해 보자

앞에서 말한 다섯 가지 마무리 방법 중 한 가지를 골라 마무리 문장을 연습해 보자.

1. 다리 깁스

> 초록 불이 깜빡거릴 때는 건너지 말라고 배웠다. 그런데 학원을 늦어서 어쩔 수 없이 횡단보도에서 뛰었다. 분명 차도에는 아무것도 없었는데 갑자기 튀어나온 오토바이에 치였다. 처음에는 별로 안 아팠는데 시간이 지나니 부딪힌 다리가 두 배나 붓고 아팠다. 병원에 가니 뼈가 부러졌다고 했다.
> <u>다음부터는 횡단보도에서 절대 뛰지 말아야겠다.</u>

마무리 문장을 눈에 보이듯 생생한 문장으로 바꾸어 보자.

2. 나도 못 싼 날

> 오빠는 2, 3일에 한 번씩 똥을 싼다. 아주 냄새가 지독해서 내가 맨날 놀린다. 나는 똥을 매일 잘 싸기 때문이다. 그런데 무슨 일인지 나도 3일째 똥을 못 쌌다. 뭘 먹어도 답답하고 짜증이 났다. 겨우 똥을 쌌는데 너무 힘들었다. 똥꼬가 찢어지는 줄 알았고 냄새가 진짜 지독했다.
> <u>그래서 다른 사람을 함부로 놀리면 안 된다고 생각했다.</u>

마무리 문장을 눈에 보이듯 생생한 문장으로 바꾸어 보자.

---

3. '개구리 이야기'가 남긴 것

> 내 꿈은 연예인이다. 그런데 주변 사람들은 자꾸 '그거 하면 힘들다', '되기 힘들다' 같은 이야기를 한다. 그러던 어느 날 개구리 이야기를 읽었다. 깊은 구덩이에 빠진 개구리 두 마리가 있었다. 아무리 뛰어도 나올 수가 없었다. 구덩이 주변에 있는 개구리들은 계속 뛰다 다쳐서 더 빨리 죽게 될 거라고 소리를 질렀다. 그러나 한 마리는 계속 뛰어올라 결국 탈출했다. 놀란 다른 개구리들이 자기들 말을 못 들었냐고 묻자 그냥 가 버렸다. 귀가 안 들리는 개구리였던 것이다.
> <u>이 이야기는 나에게 다른 사람의 말에 너무 신경 쓰지 말라는 교훈을 주었다.</u>

마무리 문장을 눈에 보이듯 생생한 문장으로 바꾸어 보자.

3장
내 글이 무슨 말인지 모르겠대요

내 글은 왜 이해하기 어려울까요?

글을 읽을 때 이해가 안 되는 경우는 크게 세 가지로 나눌 수 있어.

첫 번째는 어려운 단어를 쓴 경우야. 어려운 단어는 일반적으로 한자어인 경우가 많아. 그러니 어려운 한자어를 썼다면 쉬운 말로 바꿔 보자. '나는 계략을 세웠다' 대신 '나는 친구가 넘어지게 꾀를 냈다'라고 말이지.

두 번째, 문장에서 무언가가 빠진 경우야.

'나는 갔다'(어디에?)

'코끼리가 갑자기 했다'(무엇을?)

'차가워서 시려웠다'(어디가?)

이럴 때는 글을 다 쓰고 나서 천천히 소리 내어 읽어 보면 실수를 발견해서 고칠 수 있어.

세 번째, 앞뒤 설명이 부족한 경우야. '김치를 만들기 위해서는 세균이 필요하다'라는 이야기만 쓰고 아무런 설명이 없다면 읽는 사람은 이해하기가 어려워. 그래서 어떤 사건이나 사실을 쓸 때는 꼭 앞뒤에 설명을 자세히 덧붙여야 한단다.

이해하기 쉽게 글을 써 보자

내가 쓴 글에 어떤 내용이 빠져 있거나 어색하게 읽힐 때가 있어. 아래에 나온 글을 고치면서 이해하기 쉽게 바꾸어 보자.

1. 나는 보호했다. (무엇을?)
　→

2. 내일 피아노 대회에 나갔다. (내일 나갔다?)
　→

3. 할아버지는 밥을 먹었다. (존댓말 생각해 보기)
　→

4. 내 친구는 절대로 거짓말을 한다.
(절대로랑 같이 쓰이는 말 생각해 보기)
　→

5. 나를 밥을 먹는다. (나를?)
　→

6. 고양이가 낳았다. (무엇을?)
　→

내 글을 더 이해하기 쉽게 쓰려면?

글을 쓰기 전에 어떻게 쓸지 생각 정리를 해 봐. 나뭇가지 기법으로 정리해 보는 것을 추천해.

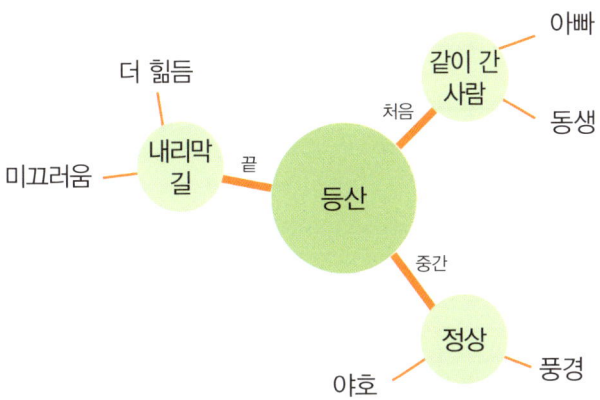

간단하게라도 처음, 중간, 끝에 어떤 것을 쓸지 미리 정리해 보렴. 그렇게 하면 글의 내용이 이리저리 왔다 갔다 하지 않고 쭉 이어지기 때문에 읽는 사람도 이해하기 쉬워.

요리를 하기 전에 어떤 요리를 할지 미리 계획을 세우면 시간도 훨씬 적게 걸리고 더 맛있는 음식이 되잖아? 글도 미리 계획하고 쓰면, 쓰는 시간도 훨씬 적게 걸리고 더 좋은 글이 나온단다.

4장

책을 읽고 나서 뭐라고 써야 할지 모르겠어요!

4장 독서 감상문은 어떻게 써요?

독서 감상문은 어떻게 쓸까?

'먹방'을 본 적 있니? 먹방을 하는 사람들은 음식을 맛있게 먹으면서 어떤 맛인지까지 자세하게 말해 준단다. 그래서 사람들은 먹방을 보고 그 맛을 상상하지.

독서 감상문도 마찬가지야. '어떤 내용인지', '무엇이 좋았는지' 자세히 적어야 한단다. 그래야 그 책의 매력을 다른 사람들도 알 수 있거든. 독서 감상문에는 다음의 네 가지 내용이 들어가야 해.

1	책 소개
2	줄거리 요약
3	인상 깊은 부분과 나를 연결하기
4	마무리

첫 번째, 책 소개를 해 보자. 작가를 소개하거나, 책 표지가 어떻게 생겼는지 설명하면 돼. 책을 펼치고 책의 내용으로 빠지기 전에 준비 운동을 한다는 생각으로 간단히 써 보렴.

두 번째, 줄거리를 요약해 보자. 책에 나온 모든 일을 다 쓰려고 하면 너무 힘들어. 딱 세 개의 사건만 골라서 써 보자. 이왕이면 처음, 중간, 마지막에 있는 특징적인 사건을 골라 보자.

세 번째, 책에서 인상 깊었던 부분을 나와 연결해서 써 보자. 나의 경험과 연결할 수 있고, 나의 생각과 연결할 수도 있어. 이 부분이 있어야 너만의 색깔이 담긴 감상문을 완성할 수 있어.

네 번째, 마무리를 지어 보자. 책을 읽고 얻은 교훈을 써도 좋고, 어떤 점이 새로웠는지 써도 좋아. 마지막으로 다 썼다면 이제 제목을 붙여 보자. '잊지 못할 여름의 기억'처럼 내 글에 어울리는 제목을 붙여 보렴. '《여름 방학》을 읽고'와 같이 책의 제목은 감상문 제목 아래에 쓰면 좋아.

독서 감상문을 다양한 방법으로 쓰고 싶어요

독서 감상문은 다양한 방법으로 쓸 수 있어. 어떤 방법이 있는지 알아보고 선택해서 써 보자.

편지글로 쓰기	주인공이나 주변 인물에게 편지를 남기기 TIP 하고 싶은 말과 궁금한 점을 자세히 쓰기
신문 기사 쓰기	책에 나온 주요 사건들을 신문 형식으로 써 보기 TIP 누가, 언제, 어디서, 무엇을, 어떻게, 왜 등 육하원칙이 드러나게 글쓰기
앞뒤 이야기 쓰기	책의 앞뒤 이야기를 상상해서 글쓰기 TIP 책에 나온 사건을 보고 상상력을 마음껏 발휘해 보기
정보 전달문 쓰기	책에 대한 정보를 알려 주는 글쓰기 TIP 작가 소개, 이야기의 배경이 되는 시대, 비슷한 작품, 책이 지닌 가치를 조사해 보기
시 쓰기	책을 읽고 가장 인상 깊게 느낀 단어나 주제를 찾아보고 느낀 점을 표현하기 TIP 줄거리를 요약하려 하지 말고 책을 읽은 느낌에 집중하기

4장 어떻게 시작하면 좋을까요?

독서 감상문을 어떻게 시작하면 좋을까?

독서 감상문은 다양한 방법으로 시작할 수 있어. 왜 읽게 되었는지를 쓰는 것도 그중 하나지. 그런데 책을 읽게 된 이유는 책의 내용과 전혀 관련이 없는 경우가 많아. 친구가 추천해서 읽었다거나, 어떤 대회 때문에 읽었다거나 하는 이유 말이야. 그런데 감상문에 책 내용과 아무 상관없는 이유가 들어가면 글의 전체적인 흐름을 망가뜨릴 수 있어. 그러면 그 이유가 매끈한 가지에 불쑥 튀어나온 가시처럼 느껴지기 마련이야. 그러니 책과 관련 있는 내용으로 시작해 보면 좋겠지? 다음 방법 중 하나를 골라서 시작해 보렴.

1	책 표지 소개하기
2	작가 소개하기
3	책 속 인물 소개하기
4	인상 깊었던 대사나 내용 쓰기

첫 번째, 책 표지를 소개해 보자. 책 표지가 어떻게 생겼는지 설명해 보는 거야. 어떤 그림이 그려져 있는지, 앞표지와 뒤표지 모두 꼼꼼하게 보고 써 보렴. 표지를 보면서 궁금했던 점을 쓰면 더 좋아.

> 책 《알사탕》의 표지에는 눈을 동그랗게 뜨고 신기한 듯 분홍색 알사탕을 바라보고 있는 아이가 한 명 있다. 그냥 평범해 보이는 분홍색 사탕인데 뭔가 신기한 비밀이 숨겨져 있는 걸까? 궁금해서 얼른 책장을 넘겼다.

두 번째, 작가를 소개해 보자. 작가가 이전에 어떤 책을 썼는지, 이 책은 왜 쓰게 되었는지를 써 보렴.

> 《알사탕》을 쓴 백희나 작가는 '아스트리드 린드그렌 추모 문학상'이라는 유명한 상을 받았다고 한다. 찾아보니 1년에 한 번, 전 세계의 동화 작가들 중 딱 한 명을 뽑아서 주는 상이라고 한다.

세 번째, 책 속 인물을 소개해 보자. 주인공의 상황, 주인공의 성격, 주인공의 모습 등을 써 보렴.

> 《알사탕》의 주인공 동동이는 늘 혼자 논다. 놀이터 구석에서 혼자 할 수 있는 구슬 치기를 하고, 늙은 강아지를 끌고 다닌다. 혼자 다니는 동동이는 쓸쓸해 보인다.

네 번째, 인상 깊었던 대사나 내용을 쓰며 시작해 보자.

> '사랑해 사랑해 사랑해 사랑해……'
> 《알사탕》 속 아빠는 아들 동동이에게 잔소리만 한다. 빨리 이 닦고 책가방 챙기고 자라고 한다. 그러나 마법의 알사탕을 먹자 아빠 마음에 가득 차 있던 '사랑해'라는 소리가 들리기 시작한다. 아빠는 왜 이 말을 마음속에만 간직했던 걸까?

이렇게 책과 관련지어서 감상문 쓰기를 시작해 보자.

줄거리를 요약하기가 너무 어렵다면?

긴 책의 내용을 짧게 요약하는 일이 어렵지? 그럴 때는 내가 탐정이 되어 사건 수첩을 쓴다는 생각을 하면서 아래와 같이 써 보자.

1. 주요 등장인물	토끼, 거북이
2. 기억에 남는 세 가지 사건	① 토끼와 거북이가 달리기 경주를 하기로 한 일 ② 토끼가 낮잠을 잔 일 ③ 거북이가 토끼를 이긴 일
3. 가장 중요한 사건과 그 이유	② 토끼가 낮잠을 잔 일 왜냐하면 이 일이 없었다면 토끼가 당연히 이기는 경주였기 때문이다.

가장 중요한 사건을 뽑고 정리하는 것은 줄거리를 나만의 시선으로 나타낼 수 있어서 좋아. 그리고 표의 내용을 그대로 붙여 쓰면 줄거리 요약이 완성된단다.

《토끼와 거북이》에는 건방진 토끼와 성실한 거북이가 나온다(등장인물 소개). 토끼와 거북이는 달리기 경주를 하기로 한다(사건1). 그런데 토끼가 거북이가 너무 늦자 안심하고 낮잠을 잔다(사건2). 결국 거북이가 토끼를 제치고 이긴다(사건3). 나는 이 이야기에서 토끼가 낮잠을 잔 일이 가장 중요하다고 생각했다. 왜냐하면 이 일이 없었다면 토끼가 당연히 이기는 경주였기 때문이다(중요한 사건과 그 이유).

줄거리를 요약해 보자

거북이가 토끼의 간으로 용왕의 병을 고치려고 했던 《토끼전》의 줄거리를 탐정의 사건 수첩으로 요약해 보자.

1. 주요 등장인물	
2. 기억에 남는 세 가지 사건	
3. 가장 중요한 사건과 그 이유	

그럼 탐정의 사건 수첩을 읽고 줄거리를 글로 써 볼까?

기억에 남는 일을 내 마음대로 써도 될까요?

 같은 책을 요약했는데 친구와 내 글의 내용이 다를 때가 있어. 그럴 때 '혹시 내가 잘못 요약한 것은 아닐까?'라는 생각이 들기도 할 거야. 그런데 독서 감상문은 남이 아니라 '내'가 책을 어떻게 읽었는지를 표현하는 글이란다. 사람이 모두 다르듯 글을 읽고 기억에 남는 내용도 모두 다를 수 있어. 그러다 보니 가장 중요하게 생각하는 일도 당연히 다를 거야. 다른 사람의 시선보다는 너만의 시선이 담긴 줄거리를 요약하는 데 힘을 쏟아 보자.

느낌과 생각이 어디에 얼마나 들어가야 할까?

책을 읽고 든 생각과 네가 느낀 점이 있을 거야. 그런데 그걸 어디에 얼마나 써야 할지 결정하는 일은 참 어렵지? 그럴 때는 세 줄 법칙을 사용해 보렴. 책 내용을 세 줄 썼으면, 그다음에는 반드시 네 생각이나 느낌을 한 줄에서 세 줄 정도 써 보는 거야. 예를 들어 볼까?

> 3학년 2반 교실 관찰 상자에서 일곱 번째 애벌레가 태어났다. 이 일곱 번째 애벌레는 다른 애벌레들과는 조금 달랐다. 관찰 상자 밖의 아이들을 보는 것, 구름을 보는 것을 좋아했다.

한 줄만 쓸 때: 애벌레들도 다 다른 성격을 갖고 있다는 사실이 신기했다.
두 줄 쓸 때: 그리고 나도 수업 시간에 구름을 보다 혼난 일이 있어서 그런지 일곱 번째 애벌레가 더 친근하게 느껴졌다.
세 줄 쓸 때: 나는 이 일곱 번째 애벌레가 어떤 일을 하게 될지 매우 궁금해졌다.

세 줄 법칙을 더 연습해 보자

그럼 《흥부와 놀부》로 세 줄 법칙을 더 연습해 볼까? 생각과 느낌에는 이야기를 읽고 느낀 감정, 비슷한 경험, 펼쳐질 이야기에 대한 기대감, 나의 상상 등을 써 보렴.

> 흥부와 놀부는 형제였습니다. 놀부는 부자였지만 흥부는 가난했습니다. 흥부는 굶고 있는 아이들을 위해 놀부에게 쌀을 구걸하러 갔다가 놀부의 아내에게 밥주걱으로 뺨만 맞고 돌아왔습니다.

한 줄만 쓸 때:

두 줄 쓸 때:

세 줄 쓸 때:

어떤 생각이나 느낌이 들어가면 좋을까?

감상문에 어떤 생각이나 느낌을 써야 할지 잘 모르겠구나? 그렇다면 아래의 글을 참고해 보렴.

1. 이야기를 보고 느낀 감정	일본군이 어떻게 그런 짓을 할 수 있는지 정말 화가 났다.
2. 비슷한 경험	나도 배고플 때 아무거나 먹다가 배탈이 난 적이 있다.
3. 만약 나라면	만약 내가 늑대에게 잡아먹힐 뻔한 토끼였다면 정말 끔찍했을 것이다.
4. 바라는 점	드넓은 초원에서 곰이 꼭 행복했으면 좋겠다.
5. 앞으로 펼쳐질 이야기에 대해 궁금한 점	이야기 속 엄마와 아빠는 화해했을까?
6. 내가 생각하는 중요한 것	나는 '노력'이야말로 이 이야기에서 가장 중요한 것이라고 생각한다.
7. 하고 싶은 말	먹음직스러운 계란 프라이를 보자 "나도 한 입 줘!"라고 말하고 싶어졌다.

4장 작가가 책에서 무슨 말을 하고 싶은지 잘 모르겠어요

책에서 작가가 하고 싶은 말을 어떻게 찾을까?

작가가 책을 통해 전하고 싶은 이야기를 '주제'라고 해. 주제가 있어야 더 좋은 글이 나온단다. 그런데 이 주제를 알기 어렵다면 어떻게 찾아야 할까?

주인공 → 어려운 일 → **어떻게?** 해결

책 속 주인공은 대부분 어려운 일을 겪어. 그리고 그 문제를 '어떻게' 해결하는지 보면 주제를 알 수 있어.

《무지개 물고기》라는 책으로 예를 들어 볼까? 무지개 물고기의 어려움은 외톨이가 된 것이야. 무지개 물고기는 이것을 해결하기 위해 자신이 아끼던 무지개 비늘을 나눠 주기로 해. 그리고 이렇게 비늘을 나누니까 친구가 생겼어.

어떻게	해결
나에게 소중한 것을 나눌 줄 알아야	친구도 마음을 연다.

이렇게 주인공이 문제를 어떻게 해결했는지를 쓰면 책에서 말하고자 하는 주제 문장이 된단다.

책의 주제를 찾아볼까?

이처럼 주인공이 문제를 어떻게 해결했는지 써 보면 책이 말하고자 하는 주제 문장을 알 수 있단다. 그럼 주제 문장 쓰기를 연습해 볼까?

예 《금도끼 은도끼》

주인공	나무꾼
어려운 일	도끼가 연못에 빠짐
어떻게 해결	욕심을 내지 않고 솔직하게 자신의 도끼가 무엇인지 말함

어떻게	해결
	복을 받는다.

제목: _____

주인공	
어려운 일	
어떻게 해결	

어떻게	해결

주제 문장은 이해하기 쉽게 쓰자!

주제 문장을 쓸 때는 그 책을 읽지 않은 사람도 무슨 뜻인지 알 수 있을 정도로 이해하기 쉽게 써야 해.

그렇다면 우리 《무지개 물고기》에서 무지개 물고기가 어려움을 어떻게 해결했는지 알아볼까?

어떻게	해결
무지개 비늘을 나누어서	비늘을 받은 친구들이 좋아했다.

책을 읽지 않은 사람은 '무지개 비늘'이 무엇인지 잘 알기 어려워. 그리고 '비늘을 받은 친구들이 좋아했다'라고 말하는 것도 마찬가지야. 그렇다면 아래와 같이 바꾸어 보면 어떨까?

어떻게	해결
무지개 비늘을 나누어서 ⇩ 나에게 소중한 것을 나눌 줄도 알아야	비늘을 받은 친구들이 좋아했다. ⇩ 친구도 마음을 연다.

4장
책 내용 중에 마음에 안 드는 것이 있어요

책 내용 중에 마음에 안 드는 것이 있어요!

책을 읽다 보면 주인공이 왜 이렇게 행동하는지 도저히 이해할 수 없을 때가 있어. 그런 부분을 조금 더 명확하고 자세히 적으면 더 수준 높은 독서 감상문을 완성할 수 있단다. 책을 읽고 다음에 나오는 세 가지를 써 보렴.

1	주인공이 그렇게 행동한 '이유'
2	내가 그 행동을 이해하지 못하는 '이유'
3	책, 속담, 뉴스 등에서 발견한 내 생각과 비슷한 문장 / 주인공의 행동을 대신할 수 있는 행동

그럼 《심청전》 속 '심청이'의 행동에 대해서도 써 볼까?

1	심청이가 인당수에 몸을 던진 이유는 자기 자신보다 아버지가 눈을 뜨는 것이 더 중요하다고 생각했기 때문이다.
2	그러나 내 생각에 심봉사는 눈이 안 보이는 것보다 딸이 옆에 없는 것이 더 힘들고 슬플 것 같다.
3	"아내 잃은 남편은 홀아비, 남편 잃은 아내는 과부, 부모 잃은 자식은 고아라고 하지만, 자식 잃은 부모를 일컫는 단어는 없다."라는 말도 있다. 자식을 잃으면 너무 슬퍼 말도 안 나온다는 뜻이다.

작가가 전하려 했던 주제와 다르다고 해도 네 생각을 당당하게 드러내 보렴. 분명 멋진 글이 완성될 거야.

책 내용 중 마음에 안 드는 내용에 대해 써 볼까?

책에서 이해할 수 없는 주인공의 행동이 있다면 적어 보고 내 생각도 써 보자.

주인공	이해할 수 없는 행동
㉠ 인어 공주	목소리와 다리를 바꾼 행동

1. 주인공이 그렇게 행동한 '이유'	㉠ 사랑하는 왕자를 만나기 위해서 다리가 꼭 필요했기 때문이다.
2. 내가 그 행동을 이해하지 못하는 '이유'	㉠ 다리가 있어야만 왕자님과 서로 사랑할 수 있는 것은 아니기 때문이다.
3. 책, 속담, 뉴스 등에서 발견한 내 생각과 비슷한 문장 / 주인공의 행동을 대신할 수 있는 행동	㉠ '다른 이에게 주는 사랑은 마음대로 할 수 있지만, 받는 사랑은 마음대로 할 수 없다'라는 말도 있다.

마음에 안 드는 내용을 쓸 때는 이런 점을 조심하자!

마음에 안 드는 내용을 쓸 때 이렇게 쓰는 사람이 있어.

'이 작가는 바보인 것 같다.'

'주인공은 아무 생각이 없나 보다.'

이렇게 이야기하는 것을 비난이라고 해. 비난은 이유도 없이 상대방을 욕하는 것이라 읽는 사람이 공감하기 어려워. 물론 책의 내용이 마음에 들지 않을 수 있어. 그렇지만 비난은 좋지 않아. 그러니 무조건 나쁘다고 쓰기보다 왜 마음에 들지 않는지 그 이유를 차근차근 써 보렴. 작가의 생각과 달라도 네 생각이 옳다면 감상문을 읽는 사람도 네 생각을 이해하고 받아들일 수 있을 거야.

5장

메신저로 대화를 하기가 힘들어요!

5장
메시지를 짧게 끊어서 보내면 안 되나요?

메시지를 짧게 끊어서 보내면 왜 안 될까?

핸드폰이 계속 울려서 메시지를 확인하는데 짧은 단어만 잔뜩 와서 당황했던 경험이 있니? 메시지를 확인하는데 그런 메시지가 왔다면 무슨 말인지 이해하기 힘드니 참 답답할 거야.

그럼, 메시지를 보내는 이유부터 알아볼까?

메시지는 얼굴을 보지 않은 상태에서 다른 사람에게 내가 하고 싶은 말을 전달하기 위해 보낸단다. 이때 내가 하고 싶은 말을 잘 전달하려면 메시지를 받는 사람이 이해하기 쉽고 보기 편해야 해. 그러니 메시지를 보낼 때는 여러 단어를 짧게 끊어서 보내지 말고 하나의 완성된 문장으로 보내도록 하자. 그러면 친구도 잘 이해할 수 있고 너도 잘 전달할 수 있으니 서로에게 도움이 될 거야.

메시지를 고쳐 볼까?

아래의 예시를 살펴보고 짧게 끊어서 온 메시지들을 하나의 문장으로 고쳐 보자. 무조건 단어만 연결하지 말고 원래 전하고 싶었던 말이 무엇이었는지 생각해 보렴. 그러고 나서 필요없는 단어를 빼고 하나의 문장으로 만들어 보는 거야.

메시지	고치기(예시)
왜 왜 너 나랑 같이 놀고 싶지 않아?	우리 같이 놀자!

메시지	고치기
흠 준비 준비해 내일 소풍이니까 맛있는 거	

메시지	고치기
이겼다 한국이 와와와와와와 금메달!!!!!!!!	

짧은 메시지의 다른 문제점은 없을까?

언제 끼어들어 가야 할까?

　네가 혼자 계속 짧은 메시지를 보내고 있으면 그걸 읽는 친구는 네 말이 언제 끝날지 알기 어려워. 그리고 계속 기다리면서 '내 말은 언제 해야 할까?'라고 생각하게 되지. 중간에 끼어들었다가 네 말을 끊을까 봐 걱정할 수도 있고 말이야. 그렇게 되면 네 메시지는 반가운 것이 아니라 답답한 고민이 되는 거야.

　그리고 네가 짧은 메시지를 계속 보내면 친구는 네가 앞에 말한 내용을 기억하지 못할 수가 있어. 자꾸 새로운 메시지가 뜨니까 새로운 것에 집중하느라 아까 말한 내용을 쉽게 잊어버리는 거지. 그러니 한 번 메시지를 보낼 때는 생각을 정리하여 한 문장으로 보내자.

5장 친구가 하는 말이 이해가 잘 안 될 때는 어떻게 해야 하나요?

친구가 하는 말을 이해하기 어렵다고?

메시지를 읽다 보면 친구가 하는 말이 이해가 잘 안될 때가 있어. 그럴 때는 바로 친구에게 다시 물어보렴. 그런데 물어보는 메시지는 어떻게 보내는 것이 좋을까?

---

① ???
② 그게 무슨 뜻이야?
③ 미안한데 어떤 것에 대해 말하는 건지 조금 더 자세히 말해 줄래?

---

①번과 같은 메시지를 보내면 정확히 어떤 점이 궁금한지 알기 어려워. 그렇다면 ②번은 어떨까? 글로만 봤을 때는 궁금해하는 표정이 안 보이니 화내거나 시비를 건다고 생각할 수도 있어. 그래서 ③번과 같은 말이 좋아.

우선 다시 물어봐서 미안하다거나 이해해 주길 바란다는 이야기를 하고 나서 '조금 더 자세히' 이야기해 달라고 말해 보자. 그렇게 서로 자세하게 이야기를 하다 보면 서로를 더 정확하게 이해하고 오해할 일도 줄일 수 있어. 메시지보다 더 정확한 방법은 전화를 하는 거야. 가능하다면 전화를 해서 물어보는 것도 좋아.

메시지를 고쳐 보자

나도 모르게 친구들이 이해하기 어려운 메시지를 보냈을 수 있어. 아래의 메시지를 내가 보냈다고 생각하고 예시를 잘 살펴본 뒤 친구들이 이해하기 쉽게 고쳐 보자.

상황	내가 보낸 메시지	고치기(예시)
앗! 약속을 깜빡했다! 이미 약속 시간이 지났는데 어쩌지?	벌써 12시??????????	약속한 걸 깜빡했어. 미안해, 얼른 갈게!

상황	내가 보낸 메시지	고치기
어제 본 영화 주인공이 너무 멋있어서 친구들에게 말해 주고 싶은 상황	멋지다!	

상황	내가 보낸 메시지	고치기
주희네 집에 내일 게임을 같이 하러 가자고 말하는 상황	낼 겜 ㄱㄱ?	

왜 메시지를 이해할 수 없을까?

말보다 중요한 표정, 몸짓, 말투

친구와 만나서 대화할 때와 메시지로 대화할 때의 차이점이 무엇인지 아니? 메시지를 보낼 때는 '말'만 전달되고 너의 표정이나 몸짓, 말투를 친구가 알 수 없어. 그래서 단순한 말도 오해할 수 있지.

아 진짜!(씩씩거리며) – 진짜 화가 난다는 뜻

아 진짜?(눈을 동그랗게 뜨며) – 새롭게 알게 되어 놀랐다는 뜻

아 진짜!(한숨을 쉬며) – 답답하다는 뜻

위에 나온 '아 진짜'라는 말은 모두 같은 단어이지만 전하고 싶은 뜻이 모두 다르단다. 표정과 몸짓, 말투가 이렇게나 중요한데 메시지에 이 모든 것을 담기가 어려워. 그래서 메시지를 보낼 때는 자세하게 써야 해. 그리고 가끔은 이모티콘을 사용하는 것도 좋아. 이모티콘을 적절하게 사용하면 내가 전달하고 싶은 의미와 감정을 전달하는 데 도움이 된단다.

5장 친구가 내 메시지를 읽고도 대답이 없어요

내 메시지를 읽고도 대답이 없으면 이렇게 하자

　친구가 대답하지 않는 이유는 여러 가지가 있을 수 있어. 바빠서, 화나서, 귀찮아서, 대답하기 곤란해서 등 다양한 이유로 대답하지 않았을 거야. 물론 네 입장에서는 답답하겠지만 답장을 하라고 재촉하는 메시지를 보내는 일은 옳지 않단다. 왜냐하면 친구의 상황을 생각하지 않는 행동이 될 수 있거든. 만약 용건이 급하지 않다면 하루 정도의 시간이 지난 후에 전화를 걸어 보거나, 나중에 직접 만나서 대답이 없었던 이유를 물어보는 것이 좋아. 메시지로만 친구와 이야기할 수 있는 건 아니니까. 잊지 마. 메시지는 다양하게 소통할 수 있는 방법 중 하나일 뿐이란 것을 말이야.

내 의견을 예의 바르게 전달하려면 어떻게 해야 할까?

가끔 대답하고 싶지 않은 메시지를 받을 때가 있어. 그럴 때 무조건 대답을 피하는 방법보다는 예의를 갖추고 솔직하게 너의 마음을 표현하는 쪽이 좋아. 아래의 예시를 살펴보고 예의 바르게 너의 의견을 표현할 수 있도록 연습해 보자.

친구가 보낸 메시지	나의 생각이나 상황	내가 보낼 메시지
너 좋아하는 애가 김서준 맞아?	그건 비밀이라 이야기하고 싶지 않은데 어쩌지?	그건 지금 말하기는 곤란한데 내일 만나서 이야기하자.

친구가 보낸 메시지	나의 생각이나 상황	내가 보낼 메시지
나 재밌는 거 봤어!	지금 너무 피곤해서 대화할 상태가 아니야.	

친구가 보낸 메시지	나의 생각이나 상황	내가 보낼 메시지
서영이 진짜 짜증 나지 않냐?	누구의 험담을 같이하고 싶지 않아.	

메시지를 읽고 꼭 대답을 해야 할까?

답을 하지 않으면 친구가 자신을 무시한다고 생각할 수 있어!

내가 보낸 메시지를 읽고 친구의 대답이 없다면 너무 기분이 나쁠 거야. 친구도 마찬가지야. 자신을 무시한다고 느낄 수 있어. 그러면 무시를 당했을 때 어떤 생각이 들까?

> 나를 싫어하나 보다.
> 나를 중요하게 생각하지 않나 보다.
> 나에게 쓰는 시간이 아깝나 보다.

이런 생각이 들면, 너에게 서운한 마음이 생길 거야. 너는 사소한 이유로 메시지에 답을 하지 않은 것뿐인데 친구를 잃게 되는 경우도 생길 수 있단다. 그러니 친구의 메시지를 받으면 짧게라도 꼭 답을 보내는 습관을 갖도록 하자.

5장
친구들과 대화하는데 뜻을 모르는 단어가 있어요

대화할 때 뜻을 모르는 단어가 있으면 어떻게 할까?

 친구들과 대화할 때 뜻을 모르는 단어를 만날 때가 있어. 그럴 때는 당황하지 말고 우선 대화의 앞뒤 메시지를 읽어 보면서 왜 그 단어가 나왔는지 생각해 보렴. 그러고 나서 그 단어의 뜻을 맞혀 보자.

 하지만 가끔은 정확한 뜻을 알아야만 대화가 잘 될 때도 있어. 아무리 생각해도 뜻을 잘 모르겠다면 그 말을 한 친구에게 직접 물어보렴. 아니면 사전을 찾아보는 방법도 좋아.

사전 찾는 법을 알아볼까?

모르는 단어를 검색해 보거나 사전을 찾아도 없는 경우가 있어. 우리 말에는 변하는 단어가 있어서 그래. 예를 들어 '그림자'는 변하지 않는 단어야. 하지만 '읽다'라는 단어는 '읽자', '읽어', '읽고', '읽는지' 등으로 모양이 바뀌지. 이런 단어를 찾으려면 변하지 않는 부분인 '읽'을 찾고, 거기에 '-다'를 붙여서 찾아야 해. 이것을 '으뜸꼴'이라고 불러. 다음 단어들의 으뜸꼴을 찾아보고 그 뜻을 알아보자.

단어	으뜸꼴	뜻
자부해 자부하고 자부하는지	자부하다	자기 자신의 능력을 믿고 당당한 마음을 가지다

단어	으뜸꼴	뜻
찾아보자 찾아서 찾아야		

단어	으뜸꼴	뜻
소심한 소심하게 소심하고		

어휘력 늘리기 대작전

모르는 단어가 한두 개가 아니라면?

대화를 하는데 모르는 단어가 너무 많아서 뜻을 짐작하기 어려울 때가 있니? 그렇다면 모르는 단어가 어느 정도인지 확인해 볼 필요가 있어. 혹시 아래 단어의 뜻을 대충이라도 알고 있는지 말해 볼래?

1~2학년이라면	모음, 받침, 자신 있다, 반복, 흉내, 겪다, 인물, 입김, 맞장구, 생김새
3~4학년이라면	놓치다, 지역, 내용, 의미, 곧, 주장하다, 예방, 집중하다, 초조하다, 고속
5~6학년이라면	짓다, 현실, 전체, 발전, 낳다, 조건, 과거, 메다, 교체, 구역

※ 교과서에 등장하는 단어들 중 난이도가 있는 단어를 모았습니다.

단어를 많이 알고 잘 사용할 수 있는 능력을 '어휘력'이라고 해. 어휘력이 부족할수록 말과 글을 이해하는 능력이 떨어져. 반대로 어휘력이 뛰어날수록 말과 글을 더 잘 이해할 수 있단다. 위에 소개된 단어들을 넣어 짧은 글짓기를 해 보면서 어휘력을 늘려 보자. 그러면 단어를 사용하는 방법도 잘 알 수 있고 뜻도 기억에 오래 남을 거야.

5장 상태 메시지에 아무 말이나 다 써도 될까요?

상태 메시지에 아무 말이나 써도 될까?

　메신저에 나오는 상태 메시지는 나의 상태를 나타내는 것이니 내 마음대로 써도 될까? 상태 메시지는 너의 상태를 나타내는 말이지만 다른 사람들이 읽는 메시지이기도 하지. 그래서 읽는 사람도 생각해서 써야 해.

　누군가를 비난하거나 욕하는 메시지는 그 메시지를 읽는 사람의 기분도 나쁘게 해. 또 우울한 단어, 슬픈 단어만을 적는 것도 좋지 않아. 다른 사람들이 나를 '늘 우울한 사람', '늘 슬픈 사람'으로 쉽게 생각할 수 있거든.

　그러니 상태 메시지에는 되도록 다른 사람들에게 꼭 알려야 할 일이나 긍정적인 내용을 적어 보자.

상태 메시지를 고쳐 보자

친구들이 쓴 상태 메시지와 고쳐야 하는 이유를 보고 상태 메시지를 고쳐 보자.

상태 메시지	고쳐야 하는 이유	고치기
우리 집으로 선물 보낼 사람은 행운동 사랑길 11-11로	내 주소를 누구나 볼 수 있는 곳에 공개하는 것은 위험한 일이야.	

상태 메시지	고쳐야 하는 이유	고치기
짜증 짜증 짜증	누군가는 내 감정을 보고 불쾌감을 느낄 수 있어.	

상태 메시지	고쳐야 하는 이유	고치기
~3.22.	그날까지 여행을 가서 연락을 받기 힘들다는 것을 숫자만 보고서는 알기 힘들어.	

내 생각과 마음을 다른 사람에게 전달하려면

'나 메시지'를 사용하자!

상태 메시지도 마음대로 쓸 수 없다면, 내 생각과 마음은 다른 사람에게 어떻게 전달할 수 있을까? 사실 전달하고 싶은 생각이나 말은 전달하고자 하는 사람과 직접 대화하는 것이 제일 좋은 방법이야. 나의 입장을 솔직하게 전하고 싶다면 아래의 표를 보고 '나 메시지'를 사용해서 말해 보자.

순서	단계	설명	말
1	관찰	있었던 일을 그대로 말하기	네가 나랑 아이스크림을 사 먹으며 100원을 빌리고 그다음 날에도 갚지 않았어.
2	감정	있었던 일에 대한 나의 감정	속상했어.
3	요청	바라는 점	내일까지 갚았으면 좋겠어.

6장

글을 쓰는 일이 익숙하지 않아요!

6장 손이 너무 아파서 글씨를 많이 못 쓰겠어요

손이 아파서 글을 쓰기 힘들다면 이렇게 해 보자

우선 첫 번째, 바로 내가 사용하는 필기도구를 바꾸는 거야. 손에 힘이 없을 때는 글씨가 굵고 두껍게 써지는 2B심 연필을 써 보렴. 또 반대로 손에 힘이 너무 많이 들어가서 글씨가 번진다면 HB심 연필로 써 보자. 샤프를 써 보는 것도 좋아. 하지만 샤프심은 연필심보다 얇아서 쉽게 부러진단다. 그래서 우선 연필로 충분히 연습을 한 뒤에 샤프를 쓰는 것이 좋아.

두 번째, 연필 교정기의 도움을 받아 보자. 연필 잡는 법이 바르지 않다면 힘이 제대로 들어가지 않아. 그러면 어떤 연필을 써도 글씨를 제대로 쓰기가 어려워. 엄지, 검지, 중지를 모두 올바른 곳에 놓을 수 있게 도와주는 코끼리 교정기부터 사용해 보렴. 조금 익숙해지면 엄지만 교정해 주는 올빼미 교정기의 도움을 받아 보자. 연필을 잡다가 손목이 자꾸 꺾인다면 손목 교정기도 도움이 될 수 있어.

세 번째, 손가락 풀기 체조를 해 보렴. 우선 손가락을 하나씩 뒤로 잡아당겨 줘. 그러고 나서 두 손의 깍지를 끼고 이리저리 돌리면서 손가락을 풀어 주는 거지. 특히 연필을 꼭 잡아야 하는 두 번째 손가락, 세 번째 손가락은 꼭꼭 주무르자.

글씨도 쓰는 방법이 따로 있다고?

 필순이라는 말을 들어 보았니? 필순은 우리가 글씨를 쓸 때 어디서 시작해서 어떻게 마쳐야 할지에 대한 순서를 말해. 아래의 그림을 예시로 살펴볼까? 참고로 초등학생이 가장 많이 틀리는 필순인 ㅂ(비읍)은 네 개의 선으로 이루어져 있어. 우리가 가장 먼저 써야 하는 선은 무엇일까?

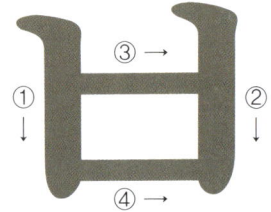

 정답은 ①번이야! 한글을 쓸 때는 기둥을 가장 먼저 세워야 해. 만약 비읍에서 필순을 무시하고 가운데 가로획부터 쓴다면 어떨까? 다른 선들이 삐뚤빼뚤하겠지? 그러니 우리 정확한 필순을 알고 필순에 맞추어서 글씨를 써 보자.

글씨를 쓸 때 이런 점을 조심하자

글씨 쓰기는 어떻게 연습하면 좋을까?

 일단 마음에 드는 글씨체를 찾아보고 그 글씨체의 위, 아래, 양옆 크기를 잘 살펴보자. 그리고 그 글씨체와 비슷하게 써 보는 거지. 사각사각 글씨 쓰는 소리가 나는 ASMR을 틀어 놓고 연습하면 집중이 더 잘될 거야.

엉망인 글씨를 빠르게 많이 쓰는 것과 느리지만 바르게 쓰는 것 중 어떤 것이 더 중요할까?

 나만 보는 글이고, 글씨와 내용을 내가 잘 알아볼 수 있다면 빠른 속도로 많이 쓰는 쪽이 좋을 거야. 하지만 다른 사람이 잘 알아보지 못하는 글씨를 나만 잘 알아보기는 쉽지 않아. 그러니 느려도 바르게 쓰는 연습을 꾸준히 해서 글씨를 빠르게 써 보렴. 게다가 다른 사람이 읽을 글이라면 무조건 바르게 쓰는 것이 우선이야. 글의 내용이 아무리 보석 같다 해도 그 안의 글씨가 엉망이라면 읽기 싫어질 테니까 말이야.

6장
자기 전에 일기를 쓰려다 보니 자꾸 졸려요

자기 전에 일기를 쓰기 힘들다면 이렇게 해 보자

저녁 늦은 시간에 일기를 쓰려니 자꾸 잠이 와서 힘들었구나? 사실 일기를 반드시 자기 전에 써야 한다는 법은 없어. 자기 전에 일기를 쓰기 힘들다면 일기 쓰는 시간을 바꿔 보지 않을래? 많은 사람이 '미라클 모닝(아침의 기적)'이라고 해서 아침 일찍 일어나 글을 쓰고 생각하는 시간을 가지고 있단다. 저녁이 힘들다면, 아침에 일기를 써 보는 것도 좋은 선택이야.

그리고 일기를 길게 쓰려니 시간도 많이 걸리고 졸음을 참기가 힘들지? 그렇다면 일기를 딱 세 줄만 쓰는 건 어떨까? 무조건 긴 문장이 아니라 간결하게 세 줄로 하루를 정리하는 것도 좋은 방법이거든. 일기는 무조건 길게 쓰는 것보다 짧더라도 알찬 내용으로 꾸준하게 쓰는 습관이 중요해.

세 줄 일기는 어떻게 하면 잘 쓸 수 있을까?

세 줄 일기를 쓸 때는 그날 하루 중 있었던 일을 하나 골라서 한 장의 사진으로 남긴다는 생각으로 글을 써 보면 돼. 그리고 그 사진을 세 줄의 글로 옮긴다고 생각하면서 생생하게 쓴다면 단 세 줄이라도 멋진 글이 탄생할 수 있어.

예시

급식 시간에 내가 기다리고 기다리던 돈까스가 나왔다. 갈색 소스에 튀긴 마늘이 들어가 있어서 다 골라냈다. 나중에 마늘을 하나 먹어 보니 너무 맛있어서 골라낸 마늘을 다시 다 먹었다.

연습해 보기

일기를 쓸 때 이런 점을 조심하자

세 줄 일기만 쓰려다가 부모님께 혼났어. 어떻게 하지?

혹시 그 세 줄 일기가 '아침에 일어났다. 밥을 먹었다. 맛있었다'라는 내용은 아니겠지? 아무리 세 줄이라도 내용 없이 단순하게만 쓴다면 안 쓰는 것만도 못해. 그러니 일기를 쓸 때 하나의 일을 가지고 사진을 남기듯 자세히 써 보자. 그리고 부모님께 세 줄 일기지만 구체적으로 꾸준히 쓰겠다는 약속을 한다면 어떨까? 분명 부모님도 너를 응원해 주실 거야.

저녁에 잠이 오는 것도 힘들지만, 아침에 일찍 일어나는 것도 너무 힘들어. 어떻게 하지?

아침에 상쾌하게 일어날 수 있는 방법 어디 없을까?

방법은 바로 '상상하기!' 잠들기 전에 활기찬 다음 날 아침을 상상하는 거야. 온몸이 개운하고, 정신도 또렷하고, 힘이 넘쳐 나는 아침을 말이야. 아침의 상태를 결정하는 것은 몇 시에 잠이 들고, 몇 시에 일어나는지가 아니라 '잠들기 전 마지막으로 했던 생각'이라고 해. 자는 시간은 중요하지 않다는 거지. 그러니 너의 아침을 긍정적인 상상으로 가득 채워 보렴.

6장 내 글을 다른 사람에게 보여 주기 싫어요

내가 쓴 글을 보여 주기 싫다면 이렇게 해 보자

내가 쓴 글을 다른 사람들에게 보여 주기 싫을 때가 있어. 남들은 다 잘 쓴 것 같은데 나만 못 쓴 것 같다면 특히 더 싫을 거야. 그렇지 않니? 누가 내 글을 보고 못 썼다고 할까 봐 걱정이 되니까 말이야.

그런데 내 글을 보여 주는 것은 내가 만든 영상을 유튜브 채널에 올리는 것과 같아. 전 세계 모든 사람들이 다 좋아하는 유튜브 영상이 있을까? 아마 없을 거야. 왜냐하면 생각이 모두 다르듯 좋아하는 관심사도 다 다르니까 말이야. 글도 마찬가지야. 모두에게 사랑받는 글은 없어. 모두에게 좋은 평가를 받고 싶다는 욕심을 살짝 내려 놓으렴. 그리고 내 글을 좋아해 줄 단 한 사람을 찾아보겠다고 마음 먹어 보자.

만약에 네 글에 쓴소리를 해 주는 사람이 있다면, 그건 미움이나 질투가 아니라 관심과 애정에 더 가까울 거야. '무플보다 악플이 낫다'라는 말 혹시 들어 보았니? 악플도 관심이 있어야 쓸 수 있단다.

글은 내가 읽으려고도 쓰지만 남에게 보여 주기 위해 쓰는 경우도 많아. 남에게 보여 줄 수 있는 글을 쓸 수 있으려면 우선 보여 줄 용기를 내야 해.

내 글을 보여 줄 준비가 필요하니?

　내 글을 내가 원하는 때 보여 주는 것이 아니라, 누군가가 강제로 정해 준 때에 보여 주어야 한다면 정말 스트레스일거야. 그러니 만약 내 글을 보여 줄 때를 스스로 결정할 수 있다면, 보여 줄 수 있는 '시간'과 '때'를 스스로 정하도록 해. 대신, 그 시기를 터무니없이 먼 날로 정하면 안돼. 무조건 미룬다고 해서 글이 더 나아지지는 않는다는 점을 꼭 명심하렴.

공개할 글	누구에게	날짜	시간

　그리고 시간과 때 말고 내 글을 읽을 때의 주의 사항을 미리 정해 놓는 것도 좋아. 이른바 '이런 것은 지적하지 마세요'를 정해 두는 거지. 맞춤법을 지적당하기 싫다거나, 자세한 생각을 쓰라는 지적이 싫다거나 하는 내용을 미리 정해서 말하는 거야. 그런데 이런 점이 싫다고 이야기하는 내용들은 바로 나의 단점이라는 사실을 이미 잘 알고 있겠지? 남들이 지적하지 않는다고 해도 나의 단점을 고치려는 노력은 꾸준히 해 보자.

내 글을 보여 줄 때 이런 점을 더 생각해 보자

그래도 지적이나 평가를 받기 싫으면 어떻게 하지?

 남에게 내 글을 보여 주지 않으면 지적도 없고, 평가도 없을 거야. 대신 성장도 포기해야만 해. 즉 내 글을 남에게 보여 주지 않는다면 내 글은 더 좋아지지 않을 것이라는 말이야. 그런데 나중에 스무 살이 되어서도 초등학생이 쓸 맞춤법과 내용의 글을 쓴다면 그런 점이 더 부끄럽지 않을까?

6장 글을 솔직하게 썼다가 놀림을 당할까 봐 걱정이에요

놀림을 당할까 봐 걱정이 된다면 이렇게 해 보자

솔직하게 글을 썼다가 놀림을 당하거나 꾸중을 들을까 봐 걱정이구나. 그런데 세상에서 가장 좋은 글은 '솔직한 글'이라는 말을 들어 본 적 있니?

솔직한 글은 부정적인 감정이나 나의 부족한 부분을 감추지 않고 보여 주는 글이야. 즉 어떠한 사실을 고백하는 글인 셈이지. 예를 들어, 내 시험 점수는 50점인데 친구가 100점을 맞은 사실을 알고 질투가 났다거나, 너무 갖고 싶은 물건이 있어서 부모님께 거짓말을 하고 돈을 받았다고 쓸 수도 있어. 어때? 너도 비슷한 경험이 있지 않니? 솔직한 글은 집중도 잘 되고 다른 사람들의 공감을 이끌어 내기도 쉽단다.

하지만 나의 솔직한 글을 읽고 내가 질투했던 사실을 친구가 알게 되거나 내 거짓말을 부모님께서 알게 되는 일이 부담스러울 수 있어. 그렇다면 그 일은 아직 공개할 준비가 안 된 경험이야. 글을 솔직하게 쓰는 것도 중요하지만 내가 공개할 수 있는 마음의 준비가 안 되었다면 일단 그 일은 나 혼자만 간직하자.

솔직한 글은 어떻게 쓸까?

　어떻게 써야 솔직한 글이 될까? 솔직한 글을 쓰려면 남이 아닌 나의 감정과 경험을 잘 살펴보고 그대로 드러내는 연습을 해야 해.

　예를 들어 너무 갖고 싶은 옷이 있어서 부모님께 거짓말을 하고 돈을 받았던 경험을 솔직하게 쓴다고 해 보자. 우선 왜 가지고 싶었는지 '이유'부터 솔직하게 쓰는 거야. 친구가 가지고 있는 옷이 좋아 보여서 갖고 싶었을 수도 있고, 엄마 핸드폰으로 몰래 게임을 하며 아이템을 얻으려고 광고를 보다가 알게 된 옷일 수도 있어.

　그러고 나서 내 감정의 변화도 차례차례 적어 보는 거야. 처음에는 옷을 살 생각에 두근거렸다가, 부모님이 안 된다고 하셔서 실망도 하고, 화도 났다가, 거짓말할 때 떨렸다가, 물건을 사고 짜릿했다가, 마음대로 입고 다니지 못해 시무룩한 나의 감정을 자세히 쓰는 거지. 그렇게 쓰다 보면 솔직하고 재밌는 글이 탄생할 수 있어.

솔직한 글을 쓸 때 이런 점을 조심하자

글을 너무 솔직하게 쓰다 보니 누군가를 비난하게 돼. 이런 글을 써도 괜찮은 걸까?

내가 쓴 글이 누군가에게 상처가 된다면 그 글은 더 이상 '솔직한' 글이 아니야. 그냥 '상처 주는 글'이지. 그리고 솔직하다고 해서 모든 것을 용서받을 수 없다는 사실은 명확히 알고 있어야 해.

특히 공개적으로 누군가를 비난하는 글은 솔직한 글이 아니라 '예의 없는 글'이야. 서운한 일이 있다면 꼭 둘이서 이야기를 나누며 풀도록 하자. 만약 SNS 등 공개적인 공간에 누군가를 비난하는 글을 쓴다면 그 글이 증거로 남아 '학교폭력대책심의위원회'에서 사이버 폭력 가해자로 벌을 받을 수 있어.

6장
글을 쓸 준비만 한 시간이나 걸려요

글을 쓸 준비만 한 시간이 걸린다면 이렇게 해 보자

무언가를 시작하기 위해서는 준비가 필요해. 수영을 하기 전에 반드시 준비 운동을 하는 것처럼 말이야. 그런데 수영 한 시간을 하려고 준비 운동을 두 시간을 한다면 어떨까? 수영을 하기도 전에 벌써 지쳐 버릴 거야. 준비 시간이 너무 길어지면 원래 하려던 일을 하기 어렵단다.

이럴 때는 '3초 준비법'을 추천할게. 만약 오늘 일기를 써야 한다면 일기를 쓰기 전에 가장 먼저 3초간 해야 할 일들을 생각해 보자. 그러고 나서 가방에 넣어 둔 일기장을 찾거나 필통에서 연필 찾기와 같은 일들을 하나씩 골라서 3초 안에 해 보는 거야. 어때? 성공했니? 와, 정말 멋지다! 첫걸음을 성공했구나! 시작이 반이라고 했어. 벌써 절반은 온 거야. 그럼 바로 진짜 해야 할 일인 '글쓰기'로 넘어가자. 원래 준비할 시간이 길어질수록 다른 일이 생각나서 정작 해야 할 일의 시간이 부족한 경우가 많아. 준비 시간에는 3초 준비법을 기억하렴.

머릿속에 잡념이 가득하다면 이렇게 해 보자

책상에 앉아서 공책을 펴고 연필을 드는 것까지는 성공했는데 머릿속에 온갖 잡념이 가득 차서 떠나질 않는다고? 내일 점심 급식은 뭐가 나올지에 대한 생각, 친구에게 아까 들은 말에 대한 생각이 머릿속에서 떠나지 않는다면 '5초 호흡법'을 추천할게.

이 방법은 먼저 코로 5초간 숨을 들이마신 다음 1초간 숨을 멈추는 거야. 그리고 다시 5초간 입으로 숨을 최대한 깊게 뱉을 수 있을 때까지 뱉는 방법을 말해. 이렇게 호흡에 집중해서 깊게 호흡하는 방법을 '심호흡'이라고 해. 심호흡은 네가 현재에 집중할 수 있게 도와 주는 강력한 힘이 있어. 왜냐하면 깊이 들이마신 산소가 우리 몸을 진정 시키는데, 이 과정이 다양한 생각 때문에 어지러웠던 너의 머릿속을 정리해 주거든.

준비 시간이 길어진다면 이런 점을 생각해 보자

준비 시간이 길어졌더니 막상 글을 쓸 시간이 부족해. 어떻게 하면 좋을까?

　시간이 부족해서 고민이구나. 그렇다면 한번 아래 물음에 대답해 보는 건 어때?

　'나는 지금 내 앞에 펼쳐진 여러 가지 상황 속에서도 10분간 글을 쓸 수 있을까?'

예	아니요
좋아, 그런데 왜 안 쓰고 있지?	왜 안 되는지 자기 자신에게 설명해 보자.

　어찌 보면 단순해 보일 수도 있는 질문이야. 하지만 네가 이 물음에 대해 생각해 보면서 글쓰기를 시작할 힘을 얻을 수도 있어. 왜냐하면 보통 '아니요'라고 했을 때는 비겁한 변명을 하는 경우가 많거든.

6장 글쓰기가 왜 필요한지 모르겠어요

글쓰기가 왜 필요한지 모르겠다면?

　과학자는 과학만 잘하면 되고 유튜버는 영상만 잘 만들면 될까? 아니, 그렇지 않아. 모든 직업의 바탕에는 글쓰기가 필요해. 과학자는 '논문'이라는 글을 써야 인정받을 수 있고, 유튜버는 '기획서'를 써야 영상을 더 잘 만들 수 있어. 어떤 직업이든지 자신의 생각과 경험을 글로 표현하는 일은 꼭 필요하단다. 생각이나 경험을 잘 표현하고 싶다면 학교에서 쓰는 일기와 생활문 쓰기부터 열심히 해 보자. 일기와 생활문은 생각과 경험이 들어가는 가장 기초적인 글쓰기이니까 꾸준히 한다면 너의 글쓰기 실력이 올라갈 거야.

　하고 싶은 일이 없는데 글쓰기를 왜 해야 하냐고? 하고 싶은 일이 없을 때야말로 글쓰기가 더 중요해. 왜일까? 한 사람이 평생 갖는 직업은 몇 개나 되는지 알고 있니? 조사에 따르면 평균적으로 5~6개의 직업을 갖는다고 해. 과학자였다가 유튜버였다가 회사원이었다가 만화가가 되는 식으로 여러 개의 직업을 거치는 거야. 어떤 직업을 가질지 모르는 상태라면 다양한 직업을 가질 수 있도록 대비를 해야 하기 때문에 글쓰기가 더 중요하다고 할 수 있어.

사람들이 어떤 글을 쓰는지 궁금하지 않니?

어떤 직업이든 내 생각과 경험을 글로 표현하는 일은 중요하다고 했지? 그럼 직업을 가진 '어른'은 어떤 글을 쓰는지 자세히 알아볼까?

대학 교수, 과학자들이 많이 쓰는 '논문'은 무엇일까? 어떤 문제에 대해서 연구하고 그 과정과 결과를 적은 글이야. 대학교를 졸업할 때나 대학원을 졸업할 때 꼭 써야 하는 글이기도 해.

그럼 유튜버나 PD가 많이 쓰는 '기획서'란 무엇일까? 어떤 새로운 일을 하기 위한 아이디어와 계획을 자세히 적은 글이야.

회사원이나 은행원이 많이 쓰는 '보고서'는 무엇일까? 어떤 일에 관한 현재 상황이나 연구 등을 알려 주기 위해 쓴 글이야.

마지막으로 의사가 많이 쓰는 '진단서'는 환자의 건강 상태에 대한 의사의 판단을 쓴 글이야.

지금은 특정한 직업을 가진 어른들이 쓰는 글이지만 언젠가는 네가 써야 할 수도 있는 글의 종류를 알아보았어. 너는 나중에 어른이 돼서 어떤 글을 써 보고 싶니?

글쓰기를 잘하는 사람은 정해져 있다고 생각하니?

모두가 글쓰기 능력을 타고나!

 사람들이 가지고 태어나는 글쓰기 능력은 단단한 바위 속에 깊이 숨어 있는 보석과도 같아. 그 보석을 깨뜨리지 않고 반짝이는 상태로 얻으려면 수많은 연습과 노력이 필요하지.

 그래서 아주 큰 보석을 갖고 태어난 사람도 노력하지 않으면 보석을 만져 볼 수 없단다. 반대로 아주 작은 보석을 갖고 태어난 사람도 노력한다면 그 누구의 보석보다 밝게 빛나는 보석을 손에 쥘 수 있지. 어때? 너만의 보석을 찾으러 우리 함께 노력해 보지 않을래?

일기, 독서 감상문, 생활문, SNS까지 단 한 권에
현직 초등 교사가 알려 주는
뒤죽박죽 생각 정리 글쓰기 책

초판 1쇄 발행 2024년 2월 28일

글쓴이 이한샘
그린이 구현지
펴낸이 민혜영
펴낸곳 데이스타
주소 서울시 마포구 월드컵북로 402, 906호(상암동 KGIT센터)
전화 02-303-5580 | **팩스** 02-2179-8768
홈페이지 www.cassiopeiabook.com | **전자우편** editor@cassiopeiabook.com
출판등록 2012년 12월 27일 제2014-000277호

ⓒ이한샘 · 구현지, 2024
ISBN 979-11-6827-172-2 73700

이 책은 저작권법에 따라 보호받는 저작물이므로 무단 전재와 무단 복제를 금지하며,
이 책의 전부 또는 일부를 이용하려면 반드시 저작권자와 ㈜카시오페아 출판사의
서면 동의를 받아야 합니다.

- 데이스타는 ㈜카시오페아 출판사의 어린이 · 청소년 브랜드입니다.
- 잘못된 책은 구입하신 곳에서 바꿔 드립니다.
- 책값은 뒤표지에 있습니다.